Conoce todo sobre Seguridad Informática. Básico

Conoce todo sobre Seguridad Informática. Básico

Álvaro Gómez Vieites

STARBOOK

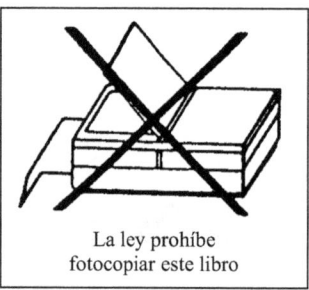

La ley prohíbe fotocopiar este libro

Conoce todo sobre Seguridad Informática. Básico
© Álvaro Gómez Vieites
© De la edición StarBook 2010
© De la edición: ABG Colecciones 2020

MARCAS COMERCIALES. Las designaciones utilizadas por las empresas para distinguir sus productos suelen ser marcas registradas. StarBook ha intentado a lo largo de este libro distinguir las marcas comerciales de los términos descriptivos, siguiendo el estilo que utiliza el fabricante, sin intención de infringir la marca y sólo en beneficio del propietario de la misma. Los datos de los ejemplos y pantallas son ficticios a no ser que se especifique lo contrario.

StarBook es marca comercial registrada.

Se ha puesto el máximo empeño en ofrecer al lector una información completa y precisa. Sin embargo, StarBook Editorial no asume ninguna responsabilidad derivada de su uso ni tampoco de cualquier violación de patentes ni otros derechos de terceras partes que pudieran ocurrir. Esta publicación tiene por objeto proporcionar unos conocimientos precisos y acreditados sobre el tema tratado. Su venta no supone para el editor ninguna forma de asistencia legal, administrativa o de ningún otro tipo. En caso de precisarse asesoría legal u otra forma de ayuda experta, deben buscarse los servicios de un profesional competente.

Reservados todos los derechos de publicación en cualquier idioma.

Según lo dispuesto en el Código Penal vigente ninguna parte de este libro puede ser reproducida, grabada en sistema de almacenamiento o transmitida en forma alguna ni por cualquier procedimiento, ya sea electrónico, mecánico, reprográfico, magnético o cualquier otro sin autorización previa y por escrito de StarBook; su contenido está protegido por la Ley vigente que establece penas de prisión y/o multas a quienes, intencionadamente, reprodujeren o plagiaren, en todo o en parte, una obra literaria, artística o científica.

Editado por:
StarBook Editorial
Madrid, España

Colección American Book Group - Informática y Computación - Volumen 63.
ISBN No. 978-168-165-778-3
Biblioteca del Congreso de los Estados Unidos de América: Número de control 2019935285
www.americanbookgroup.com/publishing.php

Autoedición: Autores Diseño Portada: Antonio García Tomé
Arte: Fullvector / Freepik

*A mi familia y, muy especialmente, a mi mujer Elena
y a nuestra hija Irene.*

ÍNDICE

EL AUTOR 9
INTRODUCCIÓN 11
CAPÍTULO 1: QUÉ ES LA SEGURIDAD INFORMÁTICA...............13
    1.1 INTRODUCCIÓN 13
    1.2 SERVICIOS DE SEGURIDAD DE LA INFORMACIÓN 16
    1.3 CONSECUENCIAS DE LA FALTA DE SEGURIDAD 22
CAPÍTULO 2: GESTIÓN DE LA SEGURIDAD DE LA INFORMACIÓN 29
CAPÍTULO 3: ANÁLISIS Y GESTIÓN DE RIESGOS 37
CAPÍTULO 4: POLÍTICAS, PLANES Y PROCEDIMIENTOS DE SEGURIDAD 47
    4.1 INTRODUCCIÓN 47
    4.2 CONCEPTOS BÁSICOS...48
    4.3 ELEMENTOS DE UN PLAN DE SEGURIDAD 51
        4.3.1 Seguridad física de las instalaciones 52
        4.3.2 Copias de Seguridad (*back-ups*)..................................53
        4.3.3 Identificación de los usuarios del sistema 53
        4.3.4 Control de los accesos a los recursos informáticos 54
        4.3.5 Auditoría de la Seguridad 55

4.3.6 Actualización de las Aplicaciones Informáticas 55
4.3.7 Protección frente a virus informáticos 56
4.3.8 Cifrado de los datos 56
4.3.9 Planes de Contingencia 56
4.3.10 Formación de los usuarios sobre Seguridad 58

CAPÍTULO 5: SEGURIDAD EN LA CONEXIÓN DE LA EMPRESA A INTERNET 59

CAPÍTULO 6: TIPOS DE AMENAZAS A LA SEGURIDAD EN LAS REDES DE ORDENADORES 65

CAPÍTULO 7: CRIPTOGRAFÍA Y FIRMA ELECTRÓNICA 75
7.1 FUNCIONAMIENTO DE UN SISTEMA CRIPTOGRÁFICO ... 76
7.2 SISTEMAS CRIPTOGRÁFICOS SIMÉTRICOS 79
7.3 SISTEMAS CRIPTOGRÁFICOS ASIMÉTRICOS 80
7.4 EL CONCEPTO DE FIRMA DIGITAL O FIRMA ELECTRÓNICA 84
7.5 CERTIFICADOS DIGITALES Y AUTORIDADES DE CERTIFICACIÓN 87
7.6 LIMITACIONES DE LOS SISTEMAS CRIPTOGRÁFICOS ... 92

CAPÍTULO 8: EL PROBLEMA DEL FRAUDE EN INTERNET Y LOS CASOS DE *PHISHING* 95

CAPÍTULO 9: LA PROTECCIÓN DE LOS DATOS DE CARÁCTER PERSONAL 101
9.1 CÓMO GARANTIZAR LA PROTECCIÓN DE DATOS PERSONALES 101
9.2 EL MARCO NORMATIVO EN ESPAÑA 105
9.2.1 Responsable del fichero 106
9.2.2 Principios de la protección de los datos 107
9.2.3 La problemática de la adaptación a la LOPD 112

BIBLIOGRAFÍA 117

ÍNDICE ALFABÉTICO 119

EL AUTOR

Álvaro Gómez Vieites es Doctor en Economía y Administraciones de Empresas por la UNED, Ingeniero de Telecomunicación por la Universidad de Vigo (con el Premio Extraordinario Fin de Carrera) e Ingeniero en Informática de Gestión por la UNED. Su formación se ha completado con varios cursos en programas de postgrado, entre ellos el *Executive MBA* y el *Diploma in Business Administration* de la Escuela de Negocios Caixanova. Ha sido Director de Sistemas de Información y Control de Gestión en la Escuela de Negocios Caixanova. En la actualidad, es profesor colaborador de esta entidad, actividad que compagina con el asesoramiento a la Xunta de Galicia en proyectos de innovación tecnológica (gestor TIC del Plan Gallego de I+D+i), cuenta además con una amplia experiencia en las áreas de sistemas de información, seguridad informática, e-administración y comercio electrónico.

e-mail: agomezvieites@gmail.com.

INTRODUCCIÓN

La mayoría de las actividades que se realizan de forma cotidiana en los países desarrollados dependen en mayor o menor medida de sistemas y de redes informáticas. El espectacular crecimiento de Internet y de los servicios telemáticos (comercio electrónico, servicios multimedia de banda ancha, administración electrónica, herramientas de comunicación como el correo electrónico o la videoconferencia...) han contribuido a popularizar aún más, si cabe, el uso de la informática y de las redes de ordenadores, hasta el punto de que en la actualidad no se circunscriben al ámbito laboral y profesional, sino que incluso se han convertido en un elemento cotidiano en muchos hogares, con un creciente impacto en las propias actividades de comunicación y de ocio de los ciudadanos.

Por otra parte, servicios críticos para una sociedad moderna, como podrían ser los servicios financieros, el control de la producción y suministro eléctrico (centrales eléctricas, redes de distribución y transformación), los medios de transporte (control de tráfico aéreo, control de vías terrestres y marítimas), la sanidad (historial clínico informatizado, telemedicina), las redes de abastecimiento (agua, gas y saneamiento) o la propia Administración Pública están soportados en su práctica totalidad por sistemas y redes informáticas, hasta el punto de que en muchos de ellos se han eliminado o reducido de forma drástica los papeles y los procesos manuales.

En las propias empresas, la creciente complejidad de las relaciones con el entorno y el elevado número de transacciones realizadas como parte de su actividad han propiciado el soporte automatizado e informatizado de muchos de sus procesos, situación que se ha acelerado con la implantación de los ERP, o paquetes software de gestión integral.

Por todo ello, en la actualidad las actividades cotidianas de las empresas y de las distintas Administraciones Públicas e, incluso, las de muchas otras instituciones y organismos, así como las de los propios ciudadanos, requieren del correcto funcionamiento de los sistemas y redes informáticas que las soportan y, en especial, de su seguridad.

De ahí la gran importancia que se debería conceder a todos los aspectos relacionados con la seguridad informática en una organización. La proliferación de los virus y códigos malignos y su rápida distribución a través de redes como Internet, así como los miles de ataques e incidentes de seguridad que se producen todos los años han contribuido a despertar un mayor interés por esta cuestión.

Capítulo 1

QUÉ ES LA SEGURIDAD INFORMÁTICA

1.1 INTRODUCCIÓN

Podemos definir la **Seguridad Informática** como "cualquier medida que impida la ejecución de operaciones no autorizadas sobre un sistema o red informática, cuyos efectos puedan conllevar daños sobre la información, comprometer su confidencialidad, autenticidad o integridad, disminuir el rendimiento de los equipos o bloquear el acceso de usuarios autorizados al sistema".

Asimismo, es necesario considerar otros aspectos o cuestiones relacionados cuando se habla de Seguridad Informática:

- Cumplimiento de las regulaciones legales aplicables a cada sector o tipo de organización, dependiendo del marco legal de cada país.

- Control en el acceso a los servicios ofrecidos y la información guardada por un sistema informático.

- Control en el acceso y utilización de ficheros protegidos por la ley: contenidos digitales con derechos de autor, ficheros con datos de carácter personal, etcétera.

- Identificación de los autores de la información o de los mensajes.

- Registro del uso de los servicios de un sistema informático, etcétera.

Desde un punto de vista más amplio, en la norma ISO/IEC 17799 se define la Seguridad de la Información como la preservación de su confidencialidad, su integridad y su disponibilidad (medidas conocidas por su acrónimo "CIA" en inglés: "*Confidentialy, Integrity, Availability*").

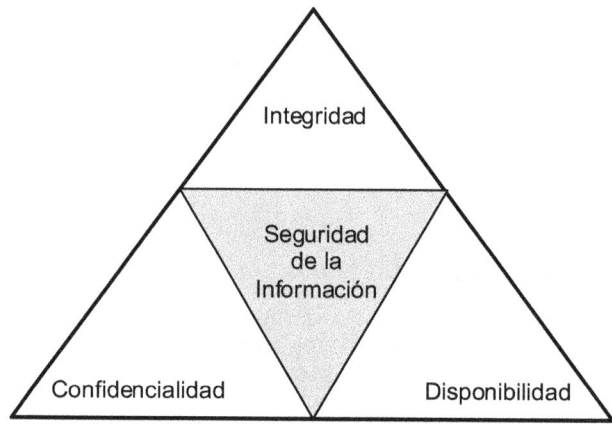

Figura 1.1. *Seguridad de la Información según la norma ISO/IEC 17799*

Dependiendo del tipo de información manejada y de los procesos realizados por una organización, ésta podrá conceder más importancia a garantizar la confidencialidad, la integridad o la disponibilidad de sus activos de información.

Por su parte, la norma ISO 7498 define la Seguridad Informática como "una serie de mecanismos que minimizan la vulnerabilidad de bienes y recursos en una organización".

Asimismo, podemos mencionar otra definición propuesta por el INFOSEC Glossary 2000: "Seguridad Informática son las medidas y controles que aseguran la confidencialidad, integridad y disponibilidad de los activos de los sistemas de información, incluyendo hardware, software, firmware y aquella información que procesan, almacenan y comunican".

Entre los principales **objetivos de la Seguridad Informática** podríamos destacar los siguientes:

- Minimizar y gestionar los riesgos y detectar los posibles problemas y amenazas a la seguridad.

- Garantizar la adecuada utilización de los recursos y de las aplicaciones del sistema.

- Limitar las pérdidas y conseguir la adecuada recuperación del sistema en caso de un incidente de seguridad.

- Cumplir con el marco legal y con los requisitos impuestos por los clientes en sus contratos.

Para cumplir con estos objetivos una organización debe contemplar cuatro planos de actuación:

- **Técnico**, tanto a nivel físico como a nivel lógico.

- **Legal**: algunos países obligan por Ley a que en determinados sectores se implanten una serie de medidas de seguridad (sector de servicios financieros y sector sanitario en Estados Unidos, protección de datos personales en todos los Estados miembros de la Unión Europea, etcétera).

- **Humano**: sensibilización y formación de empleados y directivos, definición de funciones y obligaciones del personal.

- **Organizativo**: definición e implantación de políticas de seguridad, planes, normas, procedimientos y buenas prácticas de actuación.

Plano Humano	**Plano Técnico**
Sensibilización y formación	Selección, instalación, configuración y actualización de soluciones HW y SW
Funciones, obligaciones y responsabilidades del personal	Criptografía
Control y supervisión de los empleados	Estandarización de productos
	Desarrollo seguro de aplicaciones

Organización	**Legislación**
Políticas, Normas y Procedimientos	Cumplimiento y adaptación a la legislación vigente (LOPD, LSSI, LGT, Firma Electrónica, Código Penal, Propiedad Intelectual...)
Planes de Contingencia y Respuesta a Incidentes	
Relaciones con terceros (clientes, proveedores...)	

Figura 1.2. Planos de actuación en la Seguridad Informática

1.2 SERVICIOS DE SEGURIDAD DE LA INFORMACIÓN

Para poder alcanzar los objetivos descritos en el capítulo anterior, dentro del proceso de gestión de la seguridad informática es necesario contemplar una serie de servicios o funciones de seguridad de la información:

❖ **Confidencialidad**

Mediante este servicio o función de seguridad se garantiza que cada mensaje transmitido o almacenado en un sistema informático sólo podrá ser leído por su legítimo destinatario. Si dicho mensaje cae en manos de terceras personas, éstas no podrán acceder al contenido del mensaje original. Por lo tanto, este servicio pretende garantizar la confidencialidad de los datos almacenados en un equipo, de los datos guardados en dispositivos de *backup* y/o de los datos transmitidos a través de redes de comunicaciones.

❖ **Autenticación**

La autenticación garantiza que la identidad del creador de un mensaje o documento es legítima, es decir, gracias a esta función, el destinatario de un mensaje podrá estar seguro de que su creador es la persona que figura como remitente de dicho mensaje.

Asimismo, también podemos hablar de la autenticidad de un equipo que se conecta a una red o intenta acceder a un determinado servicio. En este caso, la autenticación puede ser unilateral, cuando sólo se garantiza la identidad del equipo (usuario o terminal que se intenta conectar a la red) o mutua, en el caso de que la red o el servidor también se autentica de cara al equipo, usuario o terminal que establece la conexión.

❖ **Integridad**

La función de integridad se encarga de garantizar que un mensaje o fichero no ha sido modificado desde su creación o durante su transmisión a través de una red informática. De este modo, es posible detectar si se ha añadido o eliminado algún dato en un mensaje o fichero almacenado, procesado o transmitido por un sistema o red informática.

❖ **No repudiación**

El objeto de este servicio de seguridad consiste en implementar un mecanismo probatorio que permita demostrar la autoría y envío de un determinado mensaje, de tal modo que el usuario que lo ha creado y enviado a través del sistema no pueda posteriormente negar esta circunstancia, situación que también se aplica al destinatario del envío. Éste es un aspecto de especial importancia en las transacciones comerciales y que permite proporcionar a los compradores y vendedores una seguridad jurídica que va a estar soportada por este servicio.

En un sistema informático, por lo tanto, se puede distinguir entre la no repudiación de origen y la no repudiación de destino.

❖ **Disponibilidad**

La disponibilidad del sistema informático también es una cuestión de especial importancia para garantizar el cumplimiento de sus objetivos, ya que se debe diseñar un sistema lo suficientemente robusto frente a ataques e interferencias como para garantizar su correcto funcionamiento, de manera que pueda estar permanentemente a disposición de los usuarios que deseen acceder a sus servicios.

Dentro de la disponibilidad también debemos considerar la recuperación del sistema frente a posibles incidentes de seguridad, así como frente a desastres naturales o intencionados (incendios, inundaciones, sabotajes...).

Debemos tener en cuenta que de nada sirven los demás servicios de seguridad si el sistema informático no se encuentra disponible para que pueda ser utilizado por sus legítimos usuarios y propietarios.

- ❖ **Autorización (control de acceso a equipos y servicios)**

    Mediante el servicio de autorización se persigue controlar el acceso de los usuarios a los distintos equipos y servicios ofrecidos por el sistema informático, una vez superado el proceso de autenticación de cada usuario. Para ello, se definen unas Listas de Control de Acceso (ACL) con la relación de usuarios y grupos de usuarios y sus distintos permisos de acceso a los recursos del sistema.

- ❖ **Auditabilidad**

    El servicio de auditabilidad o trazabilidad permite registrar y monitorizar la utilización de los distintos recursos del sistema por parte de los usuarios que han sido previamente autenticados y autorizados. De este modo, es posible detectar situaciones o comportamientos anómalos por parte de los usuarios, además de llevar un control del rendimiento del sistema (tráfico cursado, información almacenada y volumen de transacciones realizadas, por citar algunas de las más importantes).

- ❖ **Reclamación de origen**

    Mediante la reclamación de origen el sistema permite probar quién ha sido el creador de un determinado mensaje o documento.

- ❖ **Reclamación de propiedad**

    Este servicio permite probar que un determinado documento o un contenido digital protegido por derechos de autor (canción, vídeo, libro...) pertenece a un determinado usuario u organización que ostenta la titularidad de los derechos de autor.

❖ **Anonimato en el uso de los servicios**

En la utilización de determinados servicios dentro de las redes y sistemas informáticos también podría resultar conveniente garantizar el anonimato de los usuarios que acceden a los recursos y consumen determinados tipos de servicios, preservando de este modo su privacidad. Este servicio de seguridad, no obstante, podría entrar en conflicto con otros de los ya mencionados, como la autenticación o la auditoría del acceso a los recursos. Asimismo, la creciente preocupación de los gobiernos por el control e interceptación de todo tipo de comunicaciones (llamadas de teléfono, correos electrónicos...) ante el problema del terrorismo internacional está provocando la adopción de nuevas medidas para restringir el anonimato y la privacidad de los ciudadanos que utilizan estos servicios.

❖ **Protección a la réplica**

Mediante este servicio de seguridad se trata de impedir la realización de "ataques de repetición" (*replay attacks*) por parte de usuarios maliciosos, consistentes en la interceptación y posterior reenvío de mensajes para tratar de engañar al sistema y provocar operaciones no deseadas, como podría ser el caso de realizar varias veces una misma transacción bancaria[1].

Para ello, en este servicio se suele recurrir a la utilización de un número de secuencia o sello temporal en todos los mensajes y documentos que necesiten ser protegidos dentro del sistema, de forma que se puedan detectar y eliminar posibles repeticiones de mensajes que ya hayan sido recibidos por el destinatario.

❖ **Confirmación de la prestación de un servicio o la realización de una transacción**

Este servicio de seguridad permite confirmar la realización de una operación o transacción, reflejando los usuarios o entidades que han intervenido en ésta.

---

[1] Así, un usuario malicioso podría tratar de engañar a una entidad financiera para que realizase varias veces una transferencia que beneficiase a su propia cuenta personal en perjuicio de otros clientes de la entidad.

❖ **Referencia temporal (certificación de fechas)**

Mediante este servicio de seguridad se consigue demostrar el instante concreto en que se ha enviado un mensaje o se ha realizado una determinada operación (utilizando generalmente una referencia *Universal Time Clock*, UTC). Para ello, se suele recurrir al sellado temporal del mensaje o documento en cuestión.

❖ **Certificación mediante Terceros de Confianza**

La realización de todo tipo de transacciones a través de medios electrónicos requiere de nuevos requisitos de seguridad, para garantizar la autenticación de las partes que intervienen, el contenido e integridad de los mensajes o la constatación de la realización de la operación o comunicación en un determinado instante temporal. Para poder ofrecer algunos de estos servicios de seguridad se empieza a recurrir a la figura del "Tercero de Confianza", organismo que se encarga de certificar la realización y el contenido de las operaciones y de avalar la identidad de los intervinientes, dotando de este modo a las transacciones electrónicas de una mayor seguridad jurídica.

Posteriormente, en el apartado sobre el uso de la firma electrónica se estudiará de forma detallada el papel de las Autoridades de Certificación, como Terceros de Confianza encargados de certificar la identidad de los usuarios que utilizan la firma electrónica, así como la validez de los documentos firmados por éstos.

Servicios de Seguridad de la Información

- Confidencialidad
  - ➢ Datos almacenados en un equipo
  - ➢ Datos guardados en dispositivos de *backup*
  - ➢ Datos transmitidos
- Autenticación
  - ➢ De entidad (usuario o equipo)
    - ▪ Mutua o unilateral
  - ➢ Del origen de los datos
- Integridad
- Protección a la réplica
- Reclamación de origen
- Reclamación de propiedad

- No repudiación
  - ➢ De origen y/o de destino
- Confirmación de la prestación de un servicio
- Referencia temporal
- Autorización (control de acceso a equipos y servicios)
- Auditabilidad o Trazabilidad
- Disponibilidad del servicio
- Anonimato en el uso de los servicios
- Certificación mediante Terceros de Confianza

Tabla 1.1. Servicios de Seguridad en un Sistema Informático

En un sistema informático se puede recurrir a la implantación de distintas técnicas y mecanismos de seguridad para poder ofrecer los servicios de seguridad que se han descrito anteriormente:

- Identificación de usuarios y política de contraseñas.
- Control lógico de acceso a los recursos.
- Copias de seguridad.
- Centros de respaldo.
- Cifrado de las transmisiones.
- Huella digital de mensajes.
- Sellado temporal de mensajes.
- Utilización de la firma electrónica.
- Protocolos criptográficos.
- Análisis y filtrado del tráfico (cortafuegos).
- Servidores *proxy*.
- Sistema de Detección de Intrusiones (IDS).
- Antivirus, etcétera.

El principio de "Defensa en Profundidad" consiste en el diseño e implantación de varios niveles de seguridad dentro del sistema informático de la organización. De este modo, si una de las "barreras" es franqueada por los atacantes, conviene disponer de medidas de seguridad adicionales que dificulten y retrasen su acceso a información confidencial o el control por su parte de recursos críticos del sistema: seguridad perimetral (cortafuegos, *proxies* y otros dispositivos que constituyen la primera "línea de defensa"); seguridad en los servidores; auditorías y monitorización de eventos de seguridad; etcétera.

Aplicando este principio también se reduce de forma notable el número de potenciales atacantes, ya que los aficionados sólo se atreven con los sistemas informáticos más vulnerables y, por tanto, más fáciles de atacar.

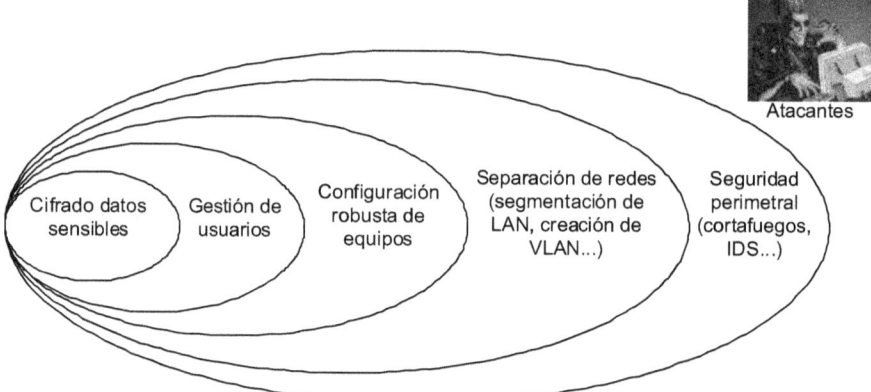

Figura 1.3. Principio de Defensa en Profundidad

Por este motivo, no conviene descuidar la seguridad interna en los sistemas informáticos, de modo que no dependa todo el sistema de la seguridad perimetral (cortafuegos en la conexión de la organización a redes externas como Internet). Así, por ejemplo, se puede reforzar la seguridad interna mediante una configuración robusta de los servidores, con medidas como la actualización de parches para eliminar vulnerabilidades conocidas, la desactivación de servicios innecesarios o el cambio de las contraseñas y cuentas por defecto en cada equipo.

1.3 CONSECUENCIAS DE LA FALTA DE SEGURIDAD

El papel de la seguridad en las organizaciones ya fue contemplado por los teóricos de organización y dirección de empresas a principios del siglo XX. Así, Henry Fayol (1919) consideraba la seguridad como una función empresarial, al mismo nivel que otras funciones: producción, comercial, financiera, administrativa...

En estas primeras etapas la seguridad en una organización perseguía "salvaguardar propiedades y personas contra el robo, fuego, inundación, contrarrestar huelgas y felonías y, de forma amplia, todos los disturbios sociales que puedan poner en peligro el progreso e incluso la vida del negocio". Por este motivo, las medidas de seguridad durante este período se limitaban a las encaminadas a la protección de los activos físicos e instalaciones, ya que ése era el mayor activo de las organizaciones y apenas se tenían en consideración la información o la protección de los propios empleados. Con estas medidas de seguridad físicas se pretendían combatir los sabotajes y daños ocasionados en los conflictos sociales y laborales frecuentes a principios del siglo XX.

Sin embargo, en la actualidad el negocio y el desarrollo de las actividades de muchas organizaciones dependen de los datos e información registrados en sus sistemas informáticos, así como del soporte adecuado de las TICs para facilitar su almacenamiento, procesamiento y distribución.

Por todo ello, es necesario trasladar a los directivos la importancia de valorar y proteger la información de sus empresas. Según un estudio realizado por la Asociación Española para la Dirección Informática (AEDI) en mayo de 2002, el 72% de las empresas españolas quebraría en 4 días si perdiera los datos guardados en sus ordenadores. Está claro que la eliminación de todas las transacciones de un día en una empresa podría ocasionarle más pérdidas económicas que sufrir un robo o un acto de sabotaje contra alguna de sus instalaciones.

En consecuencia, resulta de vital importancia poner en conocimiento de los directivos cuál es el coste e impacto de los incidentes de seguridad en términos económicos, y no a través de confusos informes plagados de tecnicismos, defendiendo la idea de que la inversión en seguridad informática sería comparable a la contratación de un seguro contra robos, contra incendios o de responsabilidad civil frente a terceros (gasto no productivo pero necesario para poder mantener la actividad de la organización si se produce algún incidente).

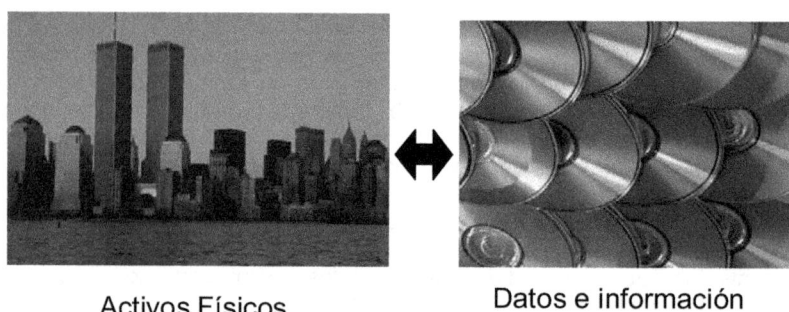

Activos Físicos   Datos e información sobre el negocio

Figura 1.4. Importancia de los datos y la información sobre el negocio frente a los activos físicos

Así, el famoso 11 de septiembre de 2001 en los atentados contra las Torres Gemelas de Nueva York muchas empresas perdieron sus oficinas centrales y, sin embargo, pudieron continuar con la actividad de su negocio a los pocos días, ya que sus datos estaban protegidos y sus sistemas informáticos contaban con los adecuados planes de contingencia y de respuesta a emergencias.

Figura 1.5. Incendio de la Torre Windsor en Madrid (12 de febrero de 2005)

En España el incendio del rascacielos Windsor en Madrid (12 de febrero de 2005), un edificio de 28 plantas dedicado a oficinas, en el que la consultora y auditora Deloitte & Touche ocupaba 20 plantas y el bufete de abogados Garrigues ocupaba 2 plantas, fue un acontecimiento que contribuyó a despertar un mayor interés por la necesidad de contemplar las medidas de seguridad y los planes de contingencia para garantizar la continuidad del negocio.

La implantación de determinadas medidas de seguridad puede representar un importante esfuerzo económico para una organización. Al plantear esta cuestión económica es necesario realizar un análisis preliminar de las posibles pérdidas para la organización y una evaluación de los riesgos: ¿qué puede ir mal?, ¿con qué frecuencia puede ocurrir?, ¿cuáles serían sus consecuencias para la organización?... El objetivo perseguido es lograr que un ataque contra los recursos o la información protegida tenga un coste superior para el atacante que el valor en el mercado de estos bienes.

Además, siempre se debe tener en cuenta que el coste de las medidas adoptadas por la organización ha de ser menor que el valor de los activos a proteger. Para ello, es necesario realizar un análisis de la relación coste-beneficio de cada medida de seguridad que se desee implantar, ya que no todas las organizaciones precisan de las mismas medidas de seguridad. De hecho, cada organización puede tener distintas expectativas de seguridad.

A la hora de analizar las posibles consecuencias de la ausencia o de unas deficientes medidas de seguridad informática, el impacto total para una organización puede resultar bastante difícil de evaluar, ya que además de los posibles daños ocasionados a la información guardada y a los equipos y dispositivos de red, deberíamos tener en cuenta otros importantes perjuicios para la organización:

- Horas de trabajo invertidas en las reparaciones y reconfiguración de los equipos y redes.

- Pérdidas ocasionadas por la indisponibilidad de diversas aplicaciones y servicios informáticos: coste de oportunidad por no poder utilizar estos recursos.

- Robo de información confidencial y su posible revelación a terceros no autorizados: fórmulas, diseños de productos, estrategias comerciales, programas informáticos...

- Filtración de datos personales de usuarios registrados en el sistema: empleados, clientes, proveedores, contactos comerciales o candidatos de empleo, con las consecuencias que se derivan del incumplimiento de la legislación en materia de protección de datos personales vigentes en toda la Unión Europea y en muchos otros países.

- Posible impacto en la imagen de la empresa ante terceros: pérdida de credibilidad en los mercados, daño a la reputación de la empresa, pérdida de confianza por parte de los clientes y los proveedores, etcétera.

- Retrasos en los procesos de producción, pérdida de pedidos, impacto en la calidad del servicio, pérdida de oportunidades de negocio... Así, por ejemplo, durante el año 2004 se produjeron varios incidentes informáticos que afectaron a compañías aéreas de Estados Unidos y Europa, los cuales tuvieron como consecuencia la cancelación de cientos de vuelos, con importantes pérdidas económicas para estas empresas.

- Posibles daños a la salud de las personas, con pérdidas de vidas humanas en los casos más graves.

- Pago de indemnizaciones por daños y perjuicios a terceros, teniendo que afrontar además posibles responsabilidades legales y la imposición de sanciones administrativas. Las organizaciones que no adoptan medidas de seguridad adecuadas para proteger sus redes y sistemas informáticos podrían enfrentarse a penas civiles y criminales bajo una serie de leyes existentes y decisiones de tribunales: protección de la privacidad y los datos personales de clientes y empleados; utilización de aplicaciones P2P para intercambio de contenidos digitales protegidos por derechos de autor; etcétera.

Los nuevos delitos relacionados con la informática y las redes de ordenadores se han convertido en estos últimos años en uno de los mayores problemas de seguridad a escala global. Así, según datos publicados por el Departamento de Hacienda de Estados Unidos a finales de 2005, los delitos informáticos (entre los que se incluyen las estafas bancarias, casos de "*phishing*", pornografía infantil o espionaje industrial) constituían un lucrativo negocio que generaba ya más dinero que el propio narcotráfico.

Por otra parte, se debe evitar la idea (esgrimida por algunas organizaciones que conceden poca importancia a la seguridad) de que si no se guardan datos sensibles en un determinado equipo informático, éste no será objeto de intentos de ataque ya que pierde todo interés para los posibles intrusos.

De hecho, es necesario contemplar otros posibles problemas que se podrían derivar del compromiso o toma de control de algunos de los equipos de una organización:

- Utilización de los equipos y redes de una organización para llevar a cabo ataques contra las redes de otras empresas y organizaciones.

- Almacenamiento de contenidos ilegales en los equipos comprometidos, con la posibilidad de instalar un servidor FTP sin la autorización del legítimo propietario de éstos.

- Utilización de los equipos de una organización para realizar envíos masivos de correo no solicitado ("*spam*"), etcétera.

Llegados a este punto, nos podríamos preguntar si la Gestión de la Seguridad de la Información genera una ventaja competitiva para la organización. Sin embargo, lo que sí parece estar bastante claro es que una inadecuada gestión de la seguridad provocará, tarde o temprano, una desventaja competitiva. Por este motivo, convendría evitar que para reducir el coste o los plazos de un proyecto no se consideren de forma adecuada los aspectos de seguridad de la información.

Además, la implantación de determinadas medidas de seguridad puede resultar incómoda para muchos usuarios del sistema y, por ello, resulta fundamental contemplar la adecuada formación y sensibilización de los usuarios para que estas medidas se puedan implantar de forma efectiva.

Sin embargo, en muchas organizaciones los Departamentos de Informática no cuentan con el adecuado respaldo de la Dirección para implantar las medidas de seguridad necesarias, así como para poder destinar el tiempo requerido a gestionar la Seguridad de la Información. En estas circunstancias, muchos responsables y técnicos de informática realizan estas tareas en "horarios extra" y como una tarea marginal que no está bien vista por la Dirección, ya que se percibe que no resulta productiva para la organización.

Capítulo 2

GESTIÓN DE LA SEGURIDAD DE LA INFORMACIÓN

Podemos definir el **Sistema de Gestión de la Seguridad de la Información (SGSI)** como aquella parte del sistema general de gestión que comprende la política, la estructura organizativa, los procedimientos, los procesos y los recursos necesarios para implantar la gestión de la seguridad de la información en una organización.

Para gestionar la seguridad de la información es preciso contemplar toda una serie de tareas y de procedimientos que permitan garantizar los niveles de seguridad exigibles en una organización, teniendo en cuenta que los riesgos no se pueden eliminar totalmente, pero sí se pueden gestionar. En este sentido, conviene destacar que en la práctica resulta imposible alcanzar la seguridad al 100% y, por este motivo, algunos expertos prefieren hablar de la fiabilidad del sistema informático, entendiendo como tal la probabilidad de que el sistema se comporte tal y como se espera de él.

En palabras del experto Gene Spafford, "el único sistema verdaderamente seguro es aquel que se encuentra apagado, encerrado en una caja fuerte de titanio, enterrado en un bloque de hormigón, rodeado de gas nervioso y vigilado por guardias armados y muy bien pagados. Incluso entonces, yo no apostaría mi vida por ello".

Por otra parte, las **Políticas de Gestión de la Seguridad de la Información** están constituidas por el conjunto de normas reguladoras, procedimientos, reglas y buenas prácticas que determinan el modo en que todos los activos y recursos, incluyendo la información, son gestionados, protegidos y distribuidos dentro de una organización.

A la hora de implantar un Sistema de Gestión de Seguridad de la Información, una organización debe contemplar los siguientes aspectos:

1. Formalizar la gestión de la seguridad de la información.

2. Analizar y gestionar los riesgos.

3. Establecer procesos de gestión de la seguridad siguiendo la metodología PDCA:

    a. "*Plan*": selección y definición de medidas y procedimientos.

    b. "*Do*": implantación de medidas y procedimientos de mejora.

    c. "*Check*": comprobación y verificación de las medidas implantadas.

    d. "*Act*": actuación para corregir las deficiencias detectadas en el sistema.

4. Certificación de la gestión de la seguridad.

En todo este proceso es necesario contemplar un modelo que tenga en cuenta los aspectos tecnológicos, organizativos, el cumplimiento del marco legal y la importancia del factor humano, tal y como se presenta en la siguiente figura:

CAPÍTULO 2. GESTIÓN DE LA SEGURIDAD DE LA INFORMACIÓN

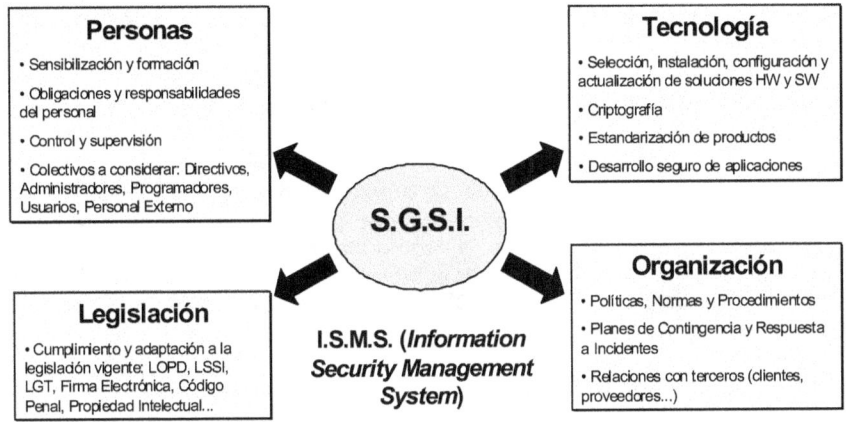

Figura 2.1. Modelo para la Gestión de la Seguridad de la Información

En este escenario resulta de vital importancia conseguir el soporte adecuado por parte de la Dirección de la organización, ya que ésta debe proporcionar la autoridad suficiente para poder definir e implantar las políticas y procedimientos de seguridad, dotando además a la organización de los recursos técnicos y humanos necesarios y reflejando su compromiso en los propios documentos que contienen las principales directrices de seguridad de la organización.

De hecho, en algunas organizaciones se ha definido la figura del Responsable de Gestión de Seguridad de la Información, conocido en inglés por sus siglas CISO (*Chief Information Security Officer*).

Podemos distinguir varias etapas o niveles de madurez en la Gestión de la Seguridad de la Información en una organización:

1. Implantación de medidas básicas de seguridad por "sentido común"

En una primera etapa la organización se preocuparía de la implantación de las medidas básicas de seguridad aplicadas por "sentido común": realización de copias de seguridad, control de acceso a los recursos informáticos, etcétera. Podemos considerar que muchas de las empresas se encuentran todavía, hoy en día, en esta primera etapa, aplicando unas mínimas medidas de seguridad que pueden resultar insuficientes para garantizar una adecuada gestión de los riesgos.

2. Adaptación a los requisitos del marco legal y de las exigencias de los clientes

En esta segunda etapa la organización toma conciencia de la necesidad de cumplir con las exigencias de la legislación vigente o de otras derivadas de sus relaciones y compromisos con terceros (clientes, proveedores u otras instituciones): protección de los datos de carácter personal (exigencias de la LOPD en España), delitos informáticos, protección de la propiedad intelectual…

3. Gestión integral de la Seguridad de la Información

En la tercera etapa la organización ya se preocupa de gestionar con un planteamiento global e integrado la Seguridad de la Información, mediante la definición de una serie de Políticas de Seguridad, la implantación de planes y procedimientos de seguridad, el análisis y gestión de riesgos, y la definición de un plan de respuesta a incidentes y de continuidad del negocio.

4. Certificación de la Gestión de la Seguridad de la Información

Por último, en la cuarta etapa se pretende llevar a cabo una certificación de la Gestión de la Seguridad de la Información, para obtener el reconocimiento de las buenas prácticas implantadas por la organización y poder acreditarlo ante terceros (confianza y verificabilidad por parte de terceros): clientes, Administraciones Públicas y otras instituciones.

Los principales estándares relacionados con la certificación de la Gestión de la Seguridad de la Información han sido desarrollados por la ISO y el IEC. Seguidamente se presenta una relación de los estándares más conocidos a nivel internacional, algunos de los cuales serán analizados posteriormente con un mayor detalle debido a su especial trascendencia:

- **ISO/IEC 13335**: *Guidelines for Management of Information Technologies Security* (Directrices para la Gestión de la Seguridad), es un estándar que define un marco de referencia para las técnicas de gestión de riesgos y los criterios de selección de medidas de seguridad o salvaguardas en los sistemas y redes informáticas.

- **ISO/IEC 15408**: *Common Criteria*, Criterios Comunes para la evaluación de determinados productos de seguridad, facilitando de este modo el proceso de certificación de los niveles y servicios de seguridad que pueden proporcionar estos productos.

- **ISO/IEC 21827**: *Systems Security Engineering* (Ingeniería de la Seguridad de los Sistemas), se ha propuesto para facilitar la evaluación del nivel de madurez de los procesos relacionados con la Gestión de la Seguridad de la Información.

- **ISO/IEC 17799 (BS-7799)**: *Information Security Management* (Gestión de la Seguridad de la Información), estándar que define un código de Buenas Prácticas mediante un conjunto de controles que se pueden aplicar para mejorar la Gestión de la Seguridad de la Información en una organización.

- **ISO/IEC 27001**: *Information Security Management Systems Requirements* (Requisitos para los Sistemas de Gestión de Seguridad de la Información), norma que permite certificar la implantación de un Sistema de Gestión de Seguridad de la Información en una organización.

- **ISM3**: *Information Security Management Maturity Model* (Modelo de Madurez de la Gestión de la Seguridad de la Información), nuevo estándar que se estructura en distintos "niveles de madurez" para facilitar su implantación progresiva en las organizaciones, partiendo de los requerimientos básicos de seguridad del negocio o actividad que desarrollan.

- **COBIT**: Requerimientos de seguridad establecidos por la ISACA (*Information Systems Audit and Control Association*, Asociación para el Control y la Auditoría de los Sistemas de Información, www.isaca.org).

- **OCTAVE** (*Operationally Critical Threat, Asset, and Vulnerability Evaluation*, Evaluación de Vulnerabilidades, Activos y Amenazas Críticas), del Software Engineering Institute (SEI) de la Universidad Carnegie Mellon. Se trata de una metodología propuesta para facilitar la evaluación y la gestión de los riesgos en una organización (http://www.cert.org/octave/).

En la siguiente figura se representa la evolución experimentada por una organización a través de los distintos niveles o etapas de madurez que se han descrito:

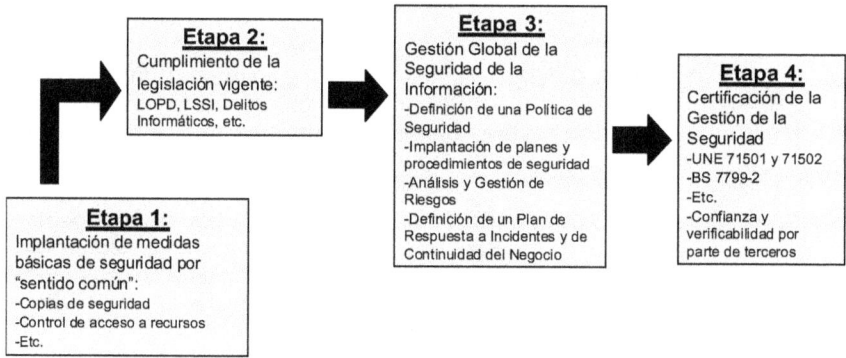

Figura 2.2. Niveles de madurez en la Gestión de la Seguridad de la Información en una organización

También se han propuesto otros modelos para representar las prácticas y competencias en materia de seguridad implantadas por una organización. Entre ellos, cabría destacar el modelo conocido como "*Systems Security Engineering - Capability Maturity Model*" (SSE-CMM, "Modelo de Madurez de las Capacidades"), desarrollado por la Asociación Internacional de Ingeniería de Seguridad de Sistemas (ISSEA, www.issea.org) y en el que se distinguen cinco niveles de madurez:

- Nivel 1: Prácticas de seguridad realizadas de manera informal.

- Nivel 2: Planificación y seguimiento de las prácticas de seguridad.

- Nivel 3: Definición y coordinación de las políticas y procedimientos de seguridad.

- Nivel 4: Seguridad controlada a través de distintos controles y objetivos de calidad.

- Nivel 5: Implantación de un proceso de mejora continua.

En la mayoría de los países todavía no existe una legislación específica que obligue a las organizaciones públicas y privadas a implantar una serie de medidas para gestionar la seguridad de sus sistemas informáticos, salvo en lo que se refiere a la protección de los datos de carácter personal, como se verá de forma detallada en un apartado posterior de este tema del curso (donde se analizará la importancia de la adaptación a la LOPD en España).

Sin duda, una de las referencias legales más interesantes en este sentido es la Ley Sarbanes-Oxley ("*Sarbanes Oxley Act*"), aprobada en 2002 en Estados Unidos. Esta ley fue promulgada a raíz de una serie de escándalos financieros que afectaron a la credibilidad de varias compañías estadounidenses, siendo promovida por los congresistas Sarbanes y Oxley (de ahí el nombre de la Ley). La Ley Sarbanes-Oxley se aplica a todas las compañías que cotizan en la SEC (*Securities Exchange Comission*, Comisión de la Bolsa de Valores de Estados Unidos) y a sus filiales, estableciendo un conjunto de medidas, requisitos y controles de seguridad que deben cumplir estas empresas para garantizar la fiabilidad de su información financiera.

Capítulo 3

ANÁLISIS Y GESTIÓN DE RIESGOS

Un proceso de gestión de riesgos comprende una etapa de evaluación previa de los riesgos del sistema informático, que se debe realizar con rigor y objetividad para que cumpla su función con garantías. Para ello, el equipo responsable de la evaluación debe contar con un nivel adecuado de formación y experiencia previa, así como disponer de una serie de recursos y medios para poder realizar su trabajo.

En el proceso propiamente dicho de gestión de riesgos se trata de definir un plan para la implantación de ciertas salvaguardas o contramedidas en el sistema informático, que permitan disminuir la probabilidad de que se materialice una amenaza, o bien reducir la vulnerabilidad del sistema o el posible impacto en la organización, así como permitir la recuperación del sistema o la transferencia del problema a un tercero (mediante la contratación de un seguro, por ejemplo).

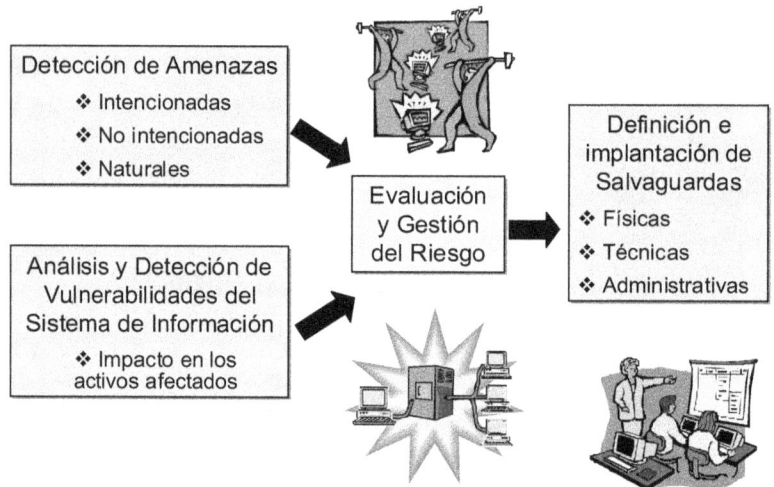

Figura 3.1. Análisis y Gestión de Riesgos en una organización

Se presentan a continuación los principales conceptos y definiciones que es necesario manejar a la hora de estudiar el análisis y la gestión de riesgos en una organización:

1. **Recursos del sistema**

Los **recursos** son los activos a proteger del sistema informático de la organización. Seguidamente se presenta una relación de los principales recursos que se deberían tener en consideración a la hora de analizar y gestionar los riesgos:

- Recursos hardware: servidores y estaciones de trabajo, ordenadores portátiles, impresoras, escáneres y otros periféricos.

- Recursos software: sistemas operativos, herramientas ofimáticas, software de gestión, herramientas de programación, aplicaciones desarrolladas a medida, etc.

- Elementos de comunicaciones: dispositivos de conectividad (*hubs*, *switches*, *routers*), armarios con paneles de conexión, cableado, puntos de acceso a la red, líneas de comunicación con el exterior, etc.

- Información que se almacena, procesa y distribuye a través del sistema (activo de naturaleza intangible).

- Locales y oficinas donde se ubican los recursos físicos y desde los que acceden al sistema los usuarios finales.

- Personas que utilizan y se benefician directa o indirectamente del funcionamiento del sistema.

- Imagen y reputación de la organización.

Cada recurso o activo de la organización se podría caracterizar por un código, su descripción, su coste o precio de adquisición, su coste de reposición, su nivel de criticidad o importancia para el mantenimiento de las actividades de la organización, el nivel requerido de integridad y de confidencialidad, etc.

2. Amenazas

Se considera una **amenaza** a cualquier evento accidental o intencionado que pueda ocasionar algún daño en el sistema informático, provocando pérdidas materiales, financieras o de otro tipo a la organización.

Se puede establecer la siguiente clasificación a la hora de estudiar las amenazas a la seguridad:

- Amenazas naturales: inundación, incendio, tormenta, fallo eléctrico, explosión, etc.

- Amenazas de agentes externos: virus informáticos, ataques de una organización criminal, sabotajes terroristas, disturbios y conflictos sociales, intrusos en la red, robos, estafas, etc.

- Amenazas de agentes internos: empleados descuidados con una formación inadecuada o descontentos, errores en la utilización de las herramientas y recursos del sistema, etc.

También podríamos definir una clasificación alternativa, teniendo en cuenta el grado de intencionalidad de la amenaza:

- Accidentes: averías del hardware y fallos del software, incendio, inundación, etc.

- Errores: errores de utilización, de explotación, de ejecución de determinados procedimientos, etc.

- Actuaciones malintencionadas: robos, fraudes, sabotajes, intentos de intrusión, etc.

La organización puede emplear una escala cuantitativa o cualitativa para definir distintos niveles para la ocurrencia de una amenaza (es decir, en función de su frecuencia): Muy baja, Baja, Media, Alta y Muy Alta.

3. Vulnerabilidades

Una **vulnerabilidad** es cualquier debilidad en el sistema informático que pueda permitir a las amenazas causarle daños y producir pérdidas en la organización.

Las vulnerabilidades se corresponden con fallos en los sistemas físicos y/o lógicos, aunque también pueden tener su origen en los defectos de ubicación, instalación, configuración y mantenimiento de los equipos.

Pueden estar ligadas a aspectos organizativos (procedimientos mal definidos o sin actualizar, ausencia de políticas de seguridad...), al factor humano (falta de formación y/o de sensibilización del personal con acceso a los recursos del sistema), a los propios equipos, a los programas y herramientas lógicas del sistema, a los locales y las condiciones ambientales del sistema (deficientes medidas de seguridad físicas, escasa protección contra incendios, mala ubicación de los locales con recursos críticos para el sistema, etc.).

Se suele emplear una escala cuantitativa o cualitativa para definir el nivel de vulnerabilidad de un determinado equipo o recurso: Baja, Media y Alta.

4. Incidentes de seguridad

Un **incidente de seguridad** es cualquier evento que tenga o pueda tener como resultado la interrupción de los servicios suministrados por un sistema informático y/o posibles pérdidas físicas, de activos o financieras. Es decir, se considera que un incidente es la materialización de una amenaza.

5. Impactos

El **impacto** es la medición y valoración del daño que podría producir a la organización un incidente de seguridad.

Para valorar el impacto es necesario tener en cuenta tanto los daños tangibles como la estimación de los daños intangibles (incluida la información). En este sentido, podría resultar de gran ayuda la realización de entrevistas en profundidad con los responsables de cada departamento, función o proceso de negocio, tratando de determinar cuál es el impacto real de la revelación, alteración o pérdida de la información para la organización, y no sólo del elemento TIC que la soporta.

También en este caso se puede emplear una escala cuantitativa o cualitativa para medir el impacto del daño en la organización: Bajo, Moderado y Alto.

Alto	➢ Pérdida o inhabilitación de recursos críticos ➢ Interrupción de los procesos de negocio ➢ Daños en la imagen y reputación de la organización ➢ Robo o revelación de información estratégica o especialmente protegida
Moderado	➢ Pérdida o inhabilitación de recursos críticos pero que cuentan con elementos de respaldo ➢ Caída notable en el rendimiento de los procesos de negocio o en la actividad normal de la organización ➢ Robo o revelación de información confidencial, pero no considerada estratégica
Bajo	➢ Pérdida o inhabilitación de recursos secundarios ➢ Disminución del rendimiento de los procesos de negocio ➢ Robo o revelación de información interna no publicada

Tabla 3.1. Escala propuesta para medir el impacto del daño en la organización

6. Riesgos

El **riesgo** es la probabilidad de que una amenaza se materialice sobre una vulnerabilidad del sistema informático, causando un determinado impacto en la organización.

El nivel de riesgo depende, por lo tanto, del análisis previo de vulnerabilidades del sistema, de las amenazas y del posible impacto que éstas puedan tener en el funcionamiento de la organización.

Se han propuesto distintas metodologías como CRAMM (*CCTA Risk Analysis and Management Method*, http://www.cramm.com) para la evaluación de riesgos en sistemas informáticos.

En España cabría destacar la metodología MAGERIT, publicada en 1996 por el Ministerio de Administraciones Públicas y que ha sido sometida a revisiones posteriores. Otros países europeos han elaborado sus propias metodologías de análisis y evaluación de riesgos, como las francesas MARION (propuesta en 1985 por la Asociación de Empresas Aseguradoras Francesas) y MELISA (definida en 1984 dentro del entorno militar francés).

7. Defensas, salvaguardas o medidas de seguridad

Una **defensa, salvaguarda o medida de seguridad** es cualquier medio empleado para eliminar o reducir un riesgo. Su objetivo es reducir las vulnerabilidades de los activos, la probabilidad de ocurrencia de las amenazas y/o el nivel de impacto en la organización.

Una **medida de seguridad activa** es cualquier medida utilizada para anular o reducir el riesgo de una amenaza. Las medidas activas podrían, a su vez, clasificarse en *medidas de prevención* (de aplicación antes del incidente) y *medidas de detección* (de aplicación durante el incidente).

Por su parte, una **medida de seguridad pasiva** es cualquier medida empleada para reducir el impacto cuando se produzca un incidente de seguridad. Por ello, a las medidas pasivas también se las conoce como *medidas de corrección* (se aplican después del incidente).

Así, como ejemplos de medidas preventivas podríamos citar la autenticación de usuarios, el control de accesos a los recursos, el cifrado de datos sensibles, la formación de los usuarios, etc. Entre las medidas detectivas se encuentran los Sistemas de Detección de Intrusiones (IDS) o las herramientas y procedimientos para el análisis de los *"logs"* (registros de actividad de los equipos). Por último, como medidas correctivas se podrían considerar las copias de seguridad, el plan de respuesta a incidentes y de continuidad del negocio, etc.

Por otra parte, también podemos distinguir entre **defensas físicas** y **defensas lógicas**. Las primeras se refieren a medidas que implican el control de acceso físico a los recursos y de las condiciones ambientales en que tienen que ser utilizados (temperatura, humedad, suministro eléctrico, interferencias...), mientras que las segundas se encuentran relacionadas con la protección conseguida mediante distintas herramientas y técnicas informáticas: autenticación de usuarios, control de acceso a los ficheros, cifrado de los datos sensibles, etc.

La organización debe llevar a cabo una adecuada y cuidosa selección, implantación y verificación de las medidas de seguridad. En la etapa de selección puede resultar de ayuda estándares aprobados a nivel internacional como el ISO 17799, que incluye una relación de controles y de buenas prácticas de seguridad.

Además, será necesario tener en cuenta una serie de parámetros que permitan analizar la aplicabilidad de cada medida propuesta: coste económico de la medida; dificultad para su implantación tanto a nivel técnico, como en el plano humano y organizativo; disminución del riesgo que se prevé conseguir tras la implantación de la medida; etc.

Por último, tras la correcta implantación de las medidas seleccionadas, la organización deberá determinar el "**Nivel de Riesgo Residual**", obtenido tras un nuevo proceso de evaluación de riesgos teniendo en cuenta que los recursos ya se encuentran protegidos por las medidas de seguridad seleccionadas.

Si el nivel de riesgo resultante para un determinado activo todavía continuase siendo demasiado alto para los objetivos fijados por la organización, se tendrían que seleccionar medidas de seguridad adicionales y repetir nuevamente el proceso.

No obstante, es necesario asumir que siempre existirá un cierto Riesgo Residual en el sistema informático. Este "Nivel de Riesgo Residual" representa el nivel de riesgo que la organización estaría dispuesta a aceptar, teniendo en cuenta que no resultaría beneficioso reducirlo aún más debido al esfuerzo técnico y económico que ello conllevaría. Se trata, por lo tanto, de mantener un equilibrio entre el esfuerzo técnico y económico y el nivel de riesgo aceptable por la organización, tal y como se representa en la siguiente figura:

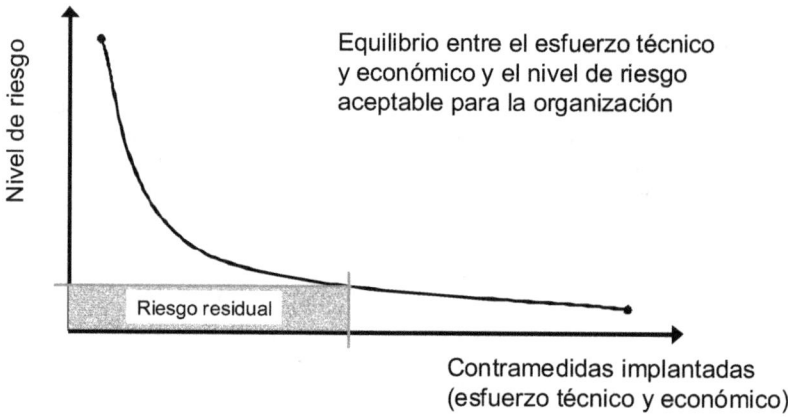

Figura 3.2. Nivel de riesgo residual

Conviene llevar a cabo una reevaluación del nivel de riesgo tras la implantación de las medidas de seguridad. Además, también sería recomendable realizar nuevas evaluaciones del nivel de riesgo de forma periódica en la organización, ya que será necesario contemplar los cambios experimentados por el sistema de información de la organización: adquisición y puesta en marcha de nuevos recursos, nuevas aplicaciones y servicios; incorporación de personal; puesta en marcha de nuevas instalaciones; etc.

Asimismo, esta reevaluación periódica del nivel de riesgo también estaría justificada por el descubrimiento de nuevas vulnerabilidades, como podrían ser el caso de nuevos fallos detectados en las aplicaciones informáticas, o por la aparición de nuevas amenazas en el entorno o el cambio en la probabilidad de ocurrencia de alguna de las amenazas previamente detectadas.

Por supuesto, en todo este proceso de evaluación y gestión de riesgos será necesario prestar una especial atención a la situación de los recursos o activos críticos, es decir, de aquellos que resulten esenciales para el normal funcionamiento de la organización. La priorización de las actuaciones y de la implantación de medidas de seguridad vendrá determinada por estos recursos críticos.

Todo el proceso descrito en los párrafos anteriores se presenta de forma esquemática en la siguiente figura:

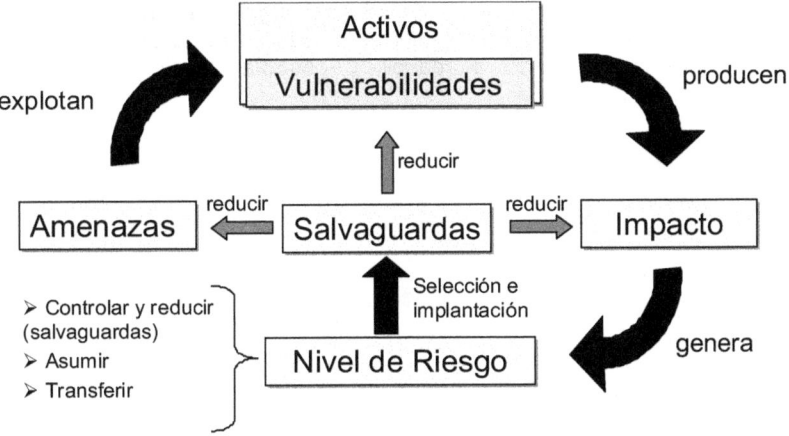

Figura 3.3. El proceso de Evaluación y Gestión de Riesgos

En todo este proceso también se podría considerar la contratación de una empresa especializada en ofrecer determinados Servicios de Seguridad Informática, alternativa también conocida como Servicios de Seguridad Gestionados (*Managed Security Services*, MSS), con un planteamiento similar al de la propia seguridad física de las instalaciones de la organización, que hoy en día suele estar subcontratada a una empresa especializada que se encarga del mantenimiento de las alarmas, el control del acceso del personal a las instalaciones o la vigilancia nocturna y durante los fines de semana.

Se trata, por lo tanto, de otra modalidad de transferencia del riesgo a un tercero, mediante un contrato con unas determinadas exigencias de nivel servicio (*Service Level Agreement*, SLA) y cláusulas de responsabilidad. La empresa contratada debe ofrecer un servicio permanente (24 horas al día durante los 7 días de la semana) por parte de profesionales cualificados: monitorización de los registros de actividad en los equipos informáticos y del tráfico en la red de la organización; detección y contención de ataques; actualización permanente de aplicaciones y de servidores; filtrado de contenidos y mensajes dañinos; eliminación de virus; etc.

Teniendo en cuenta que hoy en día es imprescindible dominar múltiples tecnologías, en un entorno complejo y cambiante, caracterizado por un mercado en el que se ofrecen gran cantidad de productos y servicios de seguridad, la alternativa de la subcontratación de determinados servicios de seguridad podría mejorar, en general, la Gestión de la Seguridad de la Información, contribuyendo a reducir y controlar los costes para la organización.

Capítulo 4

POLÍTICAS, PLANES Y PROCEDIMIENTOS DE SEGURIDAD

4.1 INTRODUCCIÓN

Las redes de ordenadores presentan, de entrada, dos aspectos contradictorios: por un lado, su principal razón de ser es facilitar la comunicación y el acceso a la información, y, por otro, asegurar que sólo acceden a la misma los usuarios debidamente autorizados. Esta contradicción está presente continuamente, ya que las medidas adoptadas para mejorar la seguridad dificultan el uso de las redes y sus recursos informáticos, al ralentizar los accesos e imponer ciertas restricciones, por lo que es necesario mantener un compromiso entre ambos aspectos.

Por otra parte, la información constituye un recurso que en muchos casos no se valora adecuadamente por su intangibilidad (cosa que no ocurre con los equipos informáticos, la documentación o las aplicaciones), y además las medidas de seguridad no influyen en la productividad del sistema sino más bien al contrario, por lo que las organizaciones son reticentes a dedicar recursos a esta tarea.

Con la proliferación de las redes de ordenadores, la información de las empresas ha pasado de concentrarse en los grandes sistemas (sistemas centralizados), para distribuirse por los ordenadores y servidores ubicados en los distintos departamentos y grupos de trabajo. Por este motivo, en la actualidad muchas organizaciones no conocen la información que hay en los puestos de trabajo (generalmente ordenadores personales de la propia organización), ni los riesgos que tienen de ataques y desastres, ni cómo la propia organización utiliza esa información.

Otro aspecto importante, que muchas veces se olvida, es que más del 75% de los problemas inherentes a la seguridad se producen por fallos de los equipos o por un mal uso por parte del personal de la propia organización. Esto quiere decir que un plan de seguridad debe contemplar no sólo los ataques provenientes del mundo exterior ajeno a la empresa, sino también los procedimientos de uso interno.

En un estudio de Datapro Research Corp. se presentaba la distribución de los principales problemas de seguridad en sistemas basados en redes de ordenadores:

- Errores de los empleados: 50%.

- Empleados deshonestos: 15%.

- Empleados descuidados: 15%.

- Intrusos ajenos a la empresa: 10%.

- Integridad física de instalaciones: 10%.

Por lo tanto, un Plan de Seguridad debe contemplar no sólo que no accedan intrusos, sino que los sistemas y las aplicaciones sean utilizados correctamente.

4.2 CONCEPTOS BÁSICOS

Podemos definir una **Política de Seguridad** como una "declaración de intenciones de alto nivel que cubre la seguridad de los sistemas informáticos y que proporciona las bases para definir y delimitar responsabilidades para las diversas actuaciones técnicas y organizativas que se requieran" (RFCs 1244 y 2196).

Un **Plan de Seguridad** es un conjunto de decisiones que definen cursos de acción futuros, así como los medios que se van a utilizar para conseguirlos.

Por último, un **Procedimiento de Seguridad** es la definición detallada de los pasos a ejecutar para llevar a cabo unas tareas determinadas. Los Procedimientos de Seguridad permiten aplicar e implantar las Políticas de Seguridad que han sido aprobadas por la organización.

En la siguiente figura se representa la jerarquía de conceptos manejados al hablar de las Políticas, Planes y Procedimientos de Seguridad:

Figura 4.1. Políticas, Planes y Procedimientos de Seguridad

Así, en la cúspide de la pirámide se situarían los objetivos fundamentales de la Gestión de la Seguridad de la Información, resumidos mediante el acrónimo CIA (Confidencialidad, Integridad y Disponibilidad de la información). Una vez fijados los objetivos fundamentales, es necesario definir las Políticas de Seguridad, así como los Planes y Procedimientos de actuación para conseguir su implantación en la organización.

Los Procedimientos de Seguridad se descomponen en tareas y operaciones concretas, las cuales, a su vez, pueden generar una serie de registros y evidencias que facilitan el seguimiento, control y supervisión del funcionamiento Sistema de Gestión de la Seguridad de la Información.

Los Procedimientos de Seguridad permiten implementar las Políticas de Seguridad definidas, describiendo cuáles son las actividades que se tienen que realizar en el sistema, en qué momento o lugar, quiénes serían los responsables de su ejecución y cuáles serían los controles aplicables para supervisar su correcta ejecución.

En este sentido, las Políticas definen **qué** se debe proteger en el sistema, mientras que los Procedimientos de Seguridad describen **cómo** se debe conseguir dicha protección. En definitiva, si comparamos las Políticas de Seguridad con las Leyes en un Estado de Derecho, los Procedimientos serían el equivalente a los Reglamentos aprobados para desarrollar y poder aplicar las Leyes.

Así, a modo de ejemplo, podríamos citar como procedimientos la planificación de las tareas administrativas y de sus responsables: administración de las cuentas de usuario y de los controles de acceso a los recursos lógicos; realización y supervisión de las copias de seguridad; seguimiento de los eventos de seguridad; etcétera. Otro grupo de procedimientos de seguridad estaría relacionado con la instalación, configuración y mantenimiento de distintos elementos de seguridad: cortafuegos (*firewalls*), servidores *proxy*, antivirus, Sistemas de Detección de Intrusiones (IDS)…

En la siguiente tabla se presenta otro ejemplo de la relación entre una determinada directriz o Política de Seguridad, los procedimientos que de ella se derivan y las tareas concretas que debería realizar el personal de la organización.

Política	Procedimiento	Tareas a realizar
Protección del servidor Web de la organización contra accesos no autorizados	Actualización del software del servidor Web	✓ Revisión diaria de los parches publicados por el fabricante ✓ Seguimiento de las noticias sobre posibles fallos de seguridad
	Revisión de los registros de actividad en el servidor	✓ Revisión semanal de los "*logs*" del servidor para detectar situaciones anómalas ✓ Configuración de alertas de seguridad que permitan reaccionar de forma urgente ante determinados tipos de ataques e intentos de intrusión

Tabla 4.1. Ejemplo de Política y Procedimientos de Seguridad

4.3 ELEMENTOS DE UN PLAN DE SEGURIDAD

La puesta en marcha de un Plan de Seguridad exige realizar un inventario de todos los recursos y sistemas informáticos que integran la red de la organización, y que pueden estar repartidos por sus distintas delegaciones; identificar los puntos de acceso a la red informática y los tipos de conexiones que se permitirán realizar desde el exterior; definir los distintos niveles de acceso a los recursos, que vendrán determinados por las atribuciones de los usuarios; planificar las tareas administrativas a realizar (copias de seguridad, auditorías de las conexiones, etc.) y los responsables de las mismas; especificar dónde se deben activar medidas específicas (cortafuegos, filtros de conexiones, etc.); identificar cuáles pueden ser los objetivos de un ataque exterior; etc.

El Modelo de Seguridad AAA (*Authentication, Autorization & Accounting*), que podríamos traducir por "Autenticación, Autorización y Contabilidad (Registro)", se utiliza para poder identificar a los usuarios y controlar su acceso a los distintos recursos de un sistema informático, registrando además cómo se utilizan dichos recursos.

Este modelo se basa, por lo tanto, en tres elementos fundamentales:

- **Identificación y autenticación de los usuarios**: La **identificación** es el proceso por el que el usuario presenta una determinada identidad para acceder a un sistema, mientras que la **autenticación** permite validar la identidad del usuario[2].

- **Control del acceso** a los recursos del sistema informático: equipos, aplicaciones, servicios y datos, en función de las políticas establecidas por la organización.

- **Registro del uso de los recursos** del sistema por parte de los usuarios y de las aplicaciones, utilizando para ello los "*logs*" (registros de actividad) del sistema.

---

[2] También se puede aplicar el proceso de autenticación para la validación de la identidad de un dispositivo hardware o de una aplicación o servicio software.

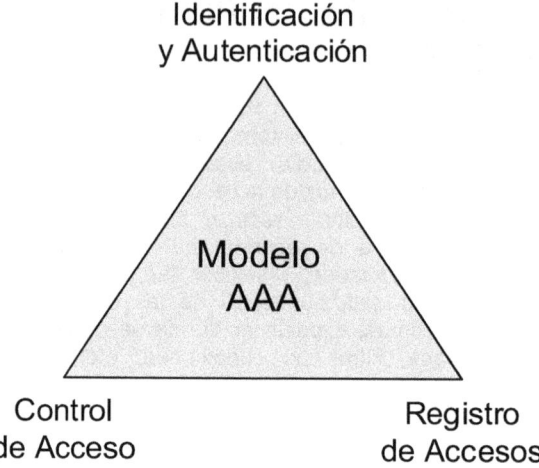

Figura 4.2. Modelo AAA

En los siguientes apartados se detallan los principales elementos de un Plan de Seguridad:

4.3.1 Seguridad física de las instalaciones

Las salas donde se encuentren ubicados recursos informáticos valiosos deben estar cuidadosamente protegidas y vigiladas mediante los correspondientes sistemas de seguridad (guardia de seguridad, circuito cerrado de cámaras de vídeo, alarmas de detección de presencia, etc.).

Asimismo, se debe prestar especial atención al cuidado de las condiciones físicas en las que se encuentran equipos delicados y costosos, controlando la temperatura ambiente y el nivel de humedad al que se encuentran expuestos.

Por otra parte, para evitar problemas ocasionados por tormentas o cortes en el fluido eléctrico, conviene disponer de Sistemas de Alimentación Ininterrumpida (SAI) para proteger a los equipos más importantes dentro de la red informática de la empresa.

4.3.2 Copias de Seguridad (*back-ups*)

Los procedimientos para la realización periódica de copias de seguridad de los datos almacenados en los servidores tienen una especial importancia en el Plan de Seguridad, ya que una correcta política de copias de seguridad permite recuperar los datos vitales ante una situación catastrófica. Por este motivo, dependiendo de la criticidad de los datos para el funcionamiento de la organización, así como de su frecuencia de actualización, será necesario realizar copias con una periodicidad horaria, diaria o semanal.

Normalmente se emplean dispositivos de cinta DAT para realizar las copias, por tratarse de un soporte que permite realizar un número elevado de operaciones de grabación de datos, con una alta capacidad de almacenamiento y un reducido tamaño. Estas cintas deberán estar protegidas a buen recaudo, siendo altamente recomendable guardarlas en una caja de seguridad ignífuga.

Asimismo, se debería trabajar con un número suficiente de cintas u otros soportes de grabación como para poder definir un ciclo de copias de seguridad, que abarque un período de tiempo que se considere adecuado para los datos de la organización: mantener una copia diaria de la última semana, de todos los días del último mes de trabajo, etc.

Por otra parte, también podría ser recomendable disponer de un sistema de replicación de datos entre los servidores de las distintas delegaciones de la organización, para que de este modo sea posible recuperar la actividad si alguna de las instalaciones de la organización sufre un cataclismo que provoque su total destrucción (terremoto, incendio, ataque terrorista…).

4.3.3 Identificación de los usuarios del sistema

Los sistemas tradicionales de identificación de los usuarios se basan en la introducción de un **nombre de usuario** ("*login*") y una **clave de acceso** ("*password*"). En este tipo de sistemas conviene tener en cuenta una serie de medidas de seguridad relacionadas con las claves de acceso:

Las claves de acceso deben estar almacenadas en ficheros protegidos y cifrados, y se debe imponer un tamaño mínimo de clave de acceso (se recomienda que al menos sea de 6 caracteres), siendo muy recomendable proceder a la modificación de dichas claves de forma periódica (estableciendo una caducidad para las claves de acceso).

Asimismo, se debe revisar la composición de las claves de acceso con el objeto de impedir aquellas que sean más fáciles de adivinar: las claves no deben estar formadas por una palabra que se encuentre en un diccionario (en Internet se pueden encontrar diccionarios de contraseñas que utilizan los intrusos para acceder a los sistemas), siendo muy aconsejable que estén formadas por caracteres alfanuméricos y signos de puntuación mezclados.

Un determinado servicio tendría que ser bloqueado automáticamente por el sistema ante fallos de acceso repetidos, para impedir ataques de "fuerza bruta", consistentes en probar miles de posibles claves para acceder al sistema.

Por otra parte, los sensores biométricos podrían sustituir a los sistemas de identificación tradicionales por una identificación de la persona basada en sus propias características físicas (**identificación biométrica**). Estos sistemas de seguridad serán capaces de reconocer al usuario por su retina, la huella dactilar, su voz, u otras características físicas únicas en cada uno de nosotros. De este modo, cada usuario podrá acceder al sistema de forma mucho más cómoda y segura.

4.3.4 Control de los accesos a los recursos informáticos

En un sistema informático resulta de especial importancia restringir las operaciones y la utilización de los distintos recursos informáticos, dependiendo de la identidad del usuario. Para ello se construyen "*listas de control de acceso*" para cada uno de los recursos informáticos (ficheros, programas, servidores, impresoras, etc.), especificando qué usuarios y roles (grupos de usuarios) pueden acceder y qué tipos de operaciones se permiten en cada caso.

Así, por ejemplo, se puede impedir que un empleado tenga acceso a la información sobre las nóminas de la compañía, o pueda eliminar la ficha de un cliente, etc. En la siguiente tabla se muestra una política de control de accesos para alguna de las aplicaciones de gestión de una empresa:

Aplicación / Grupos de usuarios	Gestión de Clientes	Gestión de Pedidos	Gestión de Productos	...	...
Marketing	CLAB	CLAB	LA		
Producción		LA	CLAB		
Administración	LAB	LA	L		
...					

C: Crear nuevos datos. L: Leer datos. A: Actualizar datos. B: Borrar datos

Tabla 4.2. Política de Control de Accesos

4.3.5 Auditoría de la Seguridad

A fin de garantizar el correcto funcionamiento de la política de contraseñas y de control de accesos, conviene registrar y monitorizar distintos eventos relacionados con el acceso y utilización de los recursos protegidos. De esta forma se puede facilitar la detección de intrusiones y la identificación de los responsables de las mismas: intentos de acceso repetitivos a recursos protegidos, utilización del sistema fuera de horario por un usuario autorizado, etc. El sistema informático debería facilitar una serie de alarmas para detectar cualquier comportamiento anómalo o intento de violación de las medidas de seguridad.

Asimismo, se debería realizar una auditoría periódica de la política de copias de seguridad y de la seguridad física de las instalaciones.

4.3.6 Actualización de las Aplicaciones Informáticas

Los administradores del sistema deberían estar al tanto de todas las noticias publicadas sobre agujeros de seguridad detectados en el sistema operativo y en las aplicaciones instaladas, para poder de este modo reaccionar con rapidez, procediendo a la actualización de nuevas versiones del software y a la instalación de parches del fabricante que subsanen agujeros de seguridad conocidos.

En este sentido, sería recomendable realizar una subscripción a las principales listas de correo especializadas en seguridad que informan semanalmente sobre los problemas e incidencias detectados (entre las que podemos citar *BugTraq*, *WWW Security List*, *Hispasec*, etc.).

4.3.7 Protección frente a virus informáticos

En la actualidad las organizaciones se deben enfrentar a una grave amenaza proveniente de la proliferación de los virus informáticos, que pueden ocasionar graves pérdidas económicas al destruir datos y programas instalados en los equipos del sistema informático. Además, la progresiva adopción del correo electrónico como herramienta de trabajo en muchas empresas constituye un elemento que ha contribuido a facilitar la propagación de estos programas dañinos, mediante ficheros adjuntos que se reenvían automáticamente a los contactos de cada nuevo usuario infectado.

Por este motivo, resulta de vital importancia disponer de un programa antivirus permanentemente actualizado, si es posible con actualizaciones diarias descargadas directamente desde una conexión a Internet, y con un soporte técnico que permita responder rápidamente a los problemas ocasionados por las infecciones víricas.

4.3.8 Cifrado de los datos

Los datos más sensibles dentro del sistema informático deberían ser guardados en ficheros cifrados. Asimismo, la organización debería utilizar conexiones seguras para enviar dichos datos a través de una red de datos pública como Internet, empleando técnicas criptográficas suficientemente robustas.

4.3.9 Planes de Contingencia

Las empresas son cada vez más conscientes de la necesidad de estar preparadas para poder responder ante todo tipo de desastres y situaciones catastróficas, como podrían ser los incendios, inundaciones, terremotos, consecuencias de huracanes, etcétera. Sin embargo, estas situaciones también se podrían producir debido a los daños ocasionados por sabotajes, robos o, incluso, por atentados terroristas.

En este contexto, la definición e implantación de un **Plan de Recuperación del Negocio**, también conocido como **Plan de Continuidad del Negocio** o **Plan de Contingencias**, constituye un elemento fundamental para poder garantizar una respuesta adecuada frente a desastres y situaciones catastróficas, asegurando la integridad y la recuperación de los datos.

En este Plan de Recuperación se deben especificar los objetivos y prioridades a tener en cuenta por la organización en caso de un desastre que pueda afectar a la continuidad de su negocio. Para ello, es necesario contemplar la disponibilidad de los recursos y medios adecuados que permitan restaurar el funcionamiento del sistema informático de la organización, así como recuperar los datos, aplicaciones y servicios básicos que se utilizan como soporte al negocio de la organización:

- Disponibilidad de un Centro Alternativo o Centro de Reserva para la ubicación de los principales recursos informáticos (servidores y bases de datos corporativas).

- Existencia de líneas de *back-up* para las comunicaciones.

- Sistemas de almacenamiento RAID en los servidores.

- Implantación de *clusters* de servidores con balanceo de carga.

- Herramientas para llevar a cabo una replicación de los documentos y las bases de datos, que puede ser síncrona, asíncrona o periódica.

Asimismo, se tiene que definir en el Plan de Recuperación del Negocio cuál va a ser la composición de un equipo de dirección que se encargará de coordinar todas las tareas de recuperación frente a un desastre, realizando esta labor desde un determinado centro de control, cuya ubicación también tiene que haber sido previamente especificada en el Plan de Recuperación.

Un elemento fundamental dentro del Plan de Recuperación del Negocio es la existencia de un **Centro Alternativo**, también conocido como **Centro de Respaldo** o **Centro de *Back-up***, si bien en la práctica sólo las grandes empresas podrán disponer de un local o edificio dedicado exclusivamente a esta misión. Este centro tendría que estar equipado con los equipos informáticos adecuados y contar con copias de seguridad de los datos más críticos para el negocio suficientemente actualizadas.

Este Centro Alternativo debería contar con las mismas medidas de seguridad informática que las instalaciones principales de la organización. Para su correcta implantación es necesario contemplar no sólo el equipamiento de hardware y de software, sino también aspectos organizativos relacionados con su gestión. Asimismo, se debe tener presente este Centro Alternativo a la hora de instalar nuevos sistemas informáticos en la organización, para que pueda estar puesto al día y sea compatible con los nuevos sistemas implantados.

4.3.10 Formación de los usuarios sobre seguridad

Con frecuencia las medidas de seguridad descritas en los apartados anteriores pierden buena parte de su eficacia debido a errores humanos. Por este motivo, resulta de vital importancia llevar a cabo acciones de sensibilización y de formación sobre aspectos básicos de seguridad, que permitan identificar conductas inapropiadas y malos usos de los recursos del sistema informático.

Capítulo 5

SEGURIDAD EN LA CONEXIÓN
DE LA EMPRESA A INTERNET

Internet es una red de redes de ordenadores que fue diseñada en los años setenta partiendo de unos recursos bastante limitados, sobre todo si los comparamos con los que se encuentran disponibles en la actualidad en cualquier organización. Así, en aquel momento la capacidad de memoria y de procesamiento de los equipos informáticos era bastante limitada, varios órdenes de magnitud inferior a la de los actuales equipos, y debemos tener en cuenta además que la capacidad de las líneas de comunicaciones para datos era extremadamente reducida, del orden de unos pocos cientos de bits por segundo.

Por lo tanto, el diseño inicial de Internet se realizó con la premisa de utilizar protocolos y servicios muy sencillos, poco exigentes en cuanto a recursos informáticos y a ancho de banda consumido. Además, el entorno de trabajo de la primera etapa de Internet estaba constituido por varias universidades y centros de investigación de Estados Unidos, con el objetivo fundamental de facilitar el intercambio de información entre los profesores e investigadores: básicamente, envío de mensajes de correo electrónico en formato texto, así como difusión de algunos documentos de texto con resultados de estudios y trabajos de investigación.

En consecuencia, teniendo en cuenta los limitados recursos disponibles y que se estaba trabajando en un entorno "confiable", con aplicaciones y servicios sencillos y que no manejaban datos especialmente sensibles, se prestó una atención escasa o prácticamente nula a los aspectos relacionados con la seguridad.

Por todo ello, en la actualidad debemos asumir que la inseguridad es una parte intrínseca de Internet, como una consecuencia de las limitaciones de su diseño inicial. Una organización puede tratar de gestionar la seguridad informática en la conexión a Internet, pero nunca podría eliminar totalmente los posibles riesgos o amenazas que traten de aprovechar las limitaciones en algunos de los protocolos y servicios de Internet.

Podemos señalar distintas cuestiones a tener en cuenta a la hora de gestionar la seguridad en la conexión de una empresa a Internet:

- Garantizar la confidencialidad e integridad de las comunicaciones, mediante la utilización de protocolos criptográficos suficientemente robustos.

- Implantar un sistema de autenticación de los usuarios de los servicios.

- Controlar los accesos a los servicios ofrecidos por la organización, tanto por parte de los usuarios internos como de los usuarios externos.

- Controlar y supervisar la utilización de los servicios públicos de Internet por parte de los empleados de la organización.

- Garantizar la disponibilidad de los servicios y del funcionamiento de la red de la organización.

- Controlar los accesos a los equipos de la propia organización.

- Evitar los intentos de intrusión que exploten "agujeros de seguridad" en los ordenadores y dispositivos de conexión a la red, etcétera.

De hecho, una empresa u organización puede proporcionar una serie de servicios a los usuarios de Internet a través de uno o varios servidores dedicados, equipos informáticos de altas prestaciones que ofrecen recursos e información y que se encuentran permanentemente conectados a Internet, con el objetivo de facilitar información corporativa y sobre los productos (catálogo electrónico de productos), poder realizar transacciones comerciales (venta de productos), prestar servicio y apoyo técnico posventa a los clientes, etcétera.

Estos servicios se deben facilitar de una forma segura, controlando el acceso a los datos y a los recursos del servidor o servidores conectados a Internet y garantizando en todo momento la disponibilidad de la conexión y del servidor, evitando posibles ataques de Denegación de Servicio.

En este sentido, se pueden adoptar dos estrategias de defensa: **Defensa equipo a equipo** y **Defensa Perimetral**.

En la estrategia de **Defensa equipo a equipo**, cada equipo de la red de la empresa conectado a Internet debe estar perfectamente configurado y será auditado de forma sistemática, para monitorizar su utilización y registrar los intentos de acceso no autorizados. Se trata de una estrategia difícil de poner en práctica, ya que se pueden cometer errores en la configuración al tener que comprobar un número importante de equipos y se dificulta el trabajo de las personas dentro de la organización por la adopción de estrictas medidas de control y seguridad.

Por su parte, en la estrategia de **Defensa Perimetral** se crea una barrera entre la red interna de la organización y el mundo exterior, canalizando todo el tráfico potencialmente hostil a través de un único punto de acceso que se encuentra bien protegido y monitorizado: un dispositivo denominado "**cortafuegos**" (también conocido como "*firewall*"), cuya finalidad es auditar todos los intentos de conexión desde la red de la empresa hacia el exterior, y viceversa, permitiendo sólo aquellos que hayan sido expresamente autorizados por los responsables informáticos de la empresa.

De este modo, se concentra la defensa en un número más reducido de elementos, por lo que éstos pueden estar sometidos a un mayor control por parte de los responsables, al tiempo que se pueden aplicar medidas menos restrictivas en la red interna que faciliten el trabajo a sus usuarios.

En definitiva, al utilizar un *firewall* se realiza la conexión corporativa a través de una única máquina, por lo que el administrador puede permitir o denegar el acceso a Internet y a los servicios de la empresa de manera selectiva. Se consigue de este modo que todo el tráfico de la organización pase por esta máquina, obligando a los usuarios a cumplir las restricciones que se hayan impuesto.

En la siguiente figura se muestra el esquema de una conexión corporativa con un sistema de defensa perimetral a través de un *firewall*:

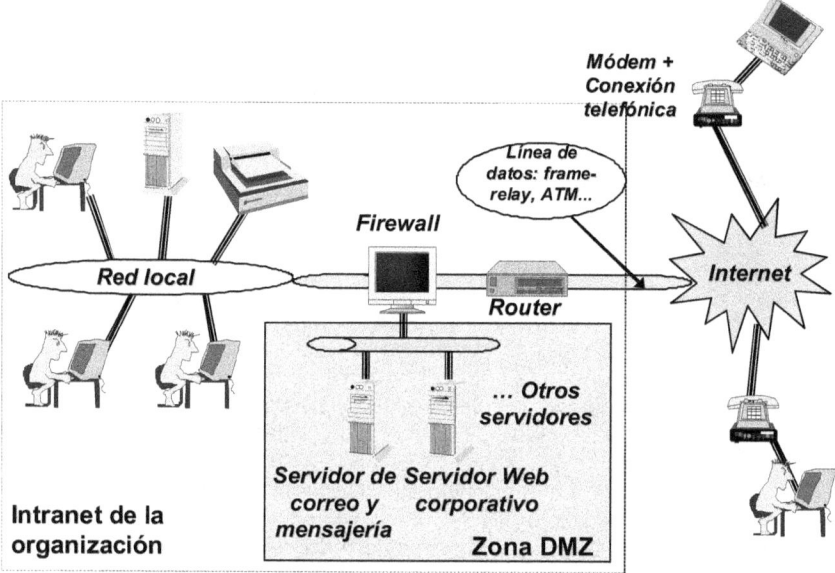

Figura 5.1. Conexión corporativa a Intranet utilizando un router y un firewall

En este esquema propuesto se incluye una "zona desmilitarizada" (zona DMZ), donde se ubican los equipos informáticos de la organización que actúan de servidores, ofreciendo información y ciertos recursos a los usuarios que se conectan desde el exterior. El *firewall* permite realizar conexiones desde el exterior hacia los equipos de esta "zona desmilitarizada", y puede impedir totalmente cualquier intento de conexión hacia el resto de la red local de la organización.

La correcta implantación de soluciones técnicas, basadas en dispositivos hardware y/o aplicaciones software, requiere disponer de personal con un conocimiento detallado del funcionamiento de Internet y de la familia de protocolos TCP/IP, así como con experiencia en la configuración de los equipos y las soluciones implantadas. Otros aspectos importantes son el adecuado mantenimiento y actualización con los parches y revisiones publicadas por los fabricantes, además de llevar a cabo una monitorización continua del funcionamiento de las soluciones implantadas.

Para decidir cuáles son las soluciones técnicas más adecuadas en cada caso, es necesario analizar el papel de la empresa bajo dos puntos de vista distintos y complementarios: como "cliente" de los servicios disponibles en Internet o bien como "servidor" que ofrece sus propios servicios dentro de Internet.

Bajo el primer punto de vista, al analizar el papel de la empresa como "cliente" de los servicios de Internet se deberían responder las siguientes cuestiones:

- Qué servicios de Internet van a estar disponibles para los distintos usuarios internos de la red informática de la organización: correo electrónico, acceso al World Wide Web, videoconferencia IP, *chats*...

- Qué empleados podrán utilizar cada uno de estos servicios y para qué finalidad, estableciendo de este modo una Política de Control de Accesos.

- Cómo se va a restringir y controlar el acceso a estos servicios, implantando mediante distintas herramientas y aplicaciones las directrices definidas en la Política de Control de Accesos.

- En qué medida se va a registrar la actividad en las conexiones a Internet para detectar situaciones anómalas o no autorizadas por la organización.

La solución a estas cuestiones exige implantar determinadas soluciones técnicas, acompañadas de una adecuada formación y sensibilización del personal que va a tener acceso a estos servicios de Internet.

Por otra parte, al analizar el papel de la empresa como "servidor" en Internet se deberían tener en cuenta las siguientes cuestiones:

- Qué servicios se van a prestar a los usuarios externos:

    o Proporcionar información corporativa y sobre los productos de la empresa.

- Realizar transacciones comerciales (venta de productos).

- Prestar servicio y apoyo técnico a los clientes, etcétera.

- Cómo se va a garantizar la disponibilidad de estos servicios.

- Cómo se va a gestionar la seguridad en el servidor o servidores de la empresa dedicados a estas funciones (implantación de servidores seguros).

- En qué medida se van a integrar estos servicios con la red interna de la organización.

- Cómo se va a registrar y supervisar la utilización de estos servicios para evitar intentos de ataque o de violación de las políticas de control de acceso establecidas.

Asimismo, en lo que se refiere a la ubicación de su propio servidor Web, la organización podría considerar la posibilidad de utilizar un servidor (o *cluster* de servidores) propio conectado directamente a Internet desde la red de la organización o bien proceder a la subcontratación de este servicio a un proveedor de acceso a Internet.

En este último caso, cabría la posibilidad de optar entre dos modalidades de subcontratación:

- "*Hosting*" u **Hospedaje**: modalidad en la que el servidor Web se encuentra en una máquina propiedad del proveedor de acceso a Internet. A su vez, el servidor podría ser compartido ("*virtual hosting*") o bien se podría disponer de un servidor dedicado exclusivamente para el servicio Web de la organización, opción más cara pero más robusta y de mayor rendimiento.

- "*Housing*": ubicación de un ordenador propiedad de la empresa en una sala especialmente acondicionada del proveedor de acceso a Internet.

Capítulo 6

TIPOS DE AMENAZAS A LA SEGURIDAD EN LAS REDES DE ORDENADORES

Se suele considerar que el primer "*bug*" o fallo informático tuvo lugar el 9 de septiembre de 1945 en el laboratorio de cálculo Howard Aiken de la Universidad de Harvard. Grace Murray Hopper (1906-1992) trabajaba como programadora del ordenador Mark II, cuando intentando averiguar la causa de un fallo de este ordenador (uno de los primeros totalmente electrónicos), descubrió que éste era debido a la presencia de una polilla ("*bug*") que se había introducido entre los contactos de una de las válvulas del ordenador.

Hasta finales de 1988 muy poca gente se tomaba en serio el tema de la seguridad en redes de ordenadores. Sin embargo, el 22 de noviembre de 1988 Robert Morris protagonizó el primer gran incidente de la seguridad informática: uno de sus programas se convirtió en el famoso "*worm*" o "gusano" de Internet. Miles de ordenadores conectados a la red se vieron inutilizados durante días y las pérdidas se estimaron en millones de dólares. Desde ese momento el tema de la seguridad en las redes de ordenadores ha sido un factor a tener muy en cuenta por cualquier responsable o administrador de sistemas informáticos.

Poco después de este incidente y a la vista de los potenciales peligros que podía entrañar un fallo o un ataque contra los sistemas informáticos estadounidenses, la agencia DARPA (*Defense Advanced Research Projects Agency*, Agencia de Proyectos de Investigación

Avanzados de Defensa) creó el famoso CERT (*Computer Emergency Response Team*, Equipo de Respuesta a Emergencias Informáticas), un grupo constituido en su mayor parte por voluntarios cualificados de la comunidad informática, cuyo objetivo principal era facilitar una respuesta rápida a los problemas de seguridad que afectaran a redes de ordenadores conectados a Internet.

Posteriormente, surgieron iniciativas análogas en otros países, como el esCERT (http://escert.upc.es) en España. Han pasado más de veinte años desde la creación del primer CERT y cada día se hace más patente la preocupación por los temas relativos a la seguridad en las redes de ordenadores, sobre todo teniendo en cuenta las noticias de los numerosos ataques informáticos llevados a cabo contra las redes de empresas e instituciones de cierto prestigio.

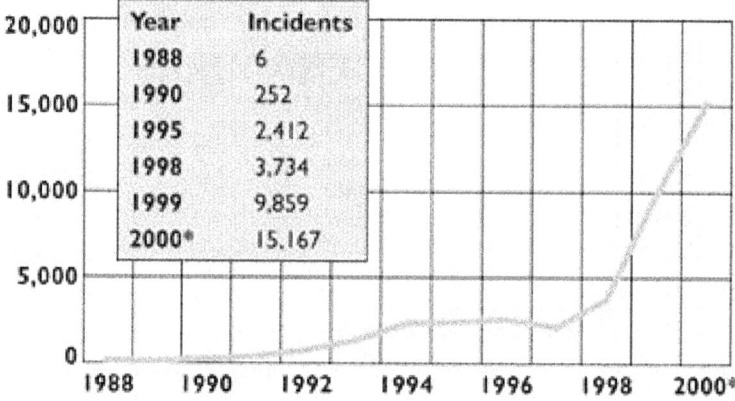

Figura 6.1. Evolución de los ataques en las redes de ordenadores, según el CERT

Los problemas de seguridad más importantes que afectan a las redes de ordenadores son los que se enumeran a continuación:

- Robo de información mediante la interceptación de mensajes que han sido enviados a través de la red. El atacante persigue obtener información de algún usuario, como sus contraseñas de acceso o algún fichero transmitido por la red.

- Conexión no autorizada a equipos informáticos, con el objeto de acceder a información confidencial o a servicios de acceso restringido, violando los sistemas de control de acceso o explotando agujeros de seguridad.

- Suplantación de identidad, realizando operaciones en nombre de otro usuario mediante la utilización de claves robadas o adivinadas como causa de una deficiente política de seguridad.

- Destrucción y modificación de datos de forma controlada o incontrolada, mediante la introducción de contenidos dañinos en el sistema: virus y "caballos de Troya"[3]. En este apartado conviene destacar la proliferación de virus que se propagan a través del e-mail, mediante ficheros adjuntos que se reenvían automáticamente a los contactos de cada nuevo usuario infectado.

- Modificación de la información guardada en un ordenador conectado a la red informática, con la intención de alterar el contenido de ciertas transacciones o los datos incluidos en catálogos electrónicos de productos.

- Análisis del trafico a partir de la observación de la utilización de las líneas de comunicación o los discos duros de los ordenadores.

- Denegación del servicio, impidiendo que el sistema pueda operar con normalidad. Generalmente se consiguen provocando la caída de los servidores.

---

[3] Un caballo de Troya, también conocido como "troyano", es un tipo especial de virus informático. Los caballos de Troya ocultan su verdadera identidad haciéndose pasar por inofensivas aplicaciones o disimulando su presencia entre los programas instalados en el equipo de la víctima. Pero su objetivo real es facilitar el acceso a terceras personas a los recursos del sistema, ya sean datos, aplicaciones o dispositivos. Los nuevos troyanos se basan en la arquitectura Cliente-Servidor, estableciendo una comunicación a través de un puerto de comunicaciones en el PC atacado: la parte cliente se ejecuta en el ordenador del atacante, y se comunica a través de ese puerto de comunicaciones con la parte servidora, que se encuentra escuchando en el ordenador de la víctima.

A la hora de identificar los diferentes tipos de intrusos en las redes de ordenadores, podemos establecer la siguiente clasificación:

- Los "**crackers**" son piratas informáticos con interés en atacar un sistema para obtener beneficios de forma ilegal, o simplemente para provocar algún daño a la organización propietaria del sistema.

- Los "**hackers**" son intrusos que se dedican a estas tareas como pasatiempo y reto técnico: entran en los sistemas para demostrar su inteligencia y conocimientos de los entresijos de las redes, pero no pretenden provocar daños en estos sistemas. Sin embargo, hay que tener en cuenta que pueden tener acceso a información confidencial, por lo que su actividad está siendo considerada como un delito en bastantes países de nuestro entorno.

- Los "**sniffers**" se dedican a rastrear y tratar de recomponer y descifrar los mensajes que circulan por las redes.

También debemos tener en cuenta el papel desempeñado por algunos empleados en muchos de los ataques e incidentes de seguridad informática, ya sea de forma voluntaria o involuntaria. Así, podríamos considerar el papel de los empleados que actúan como "fisgones" en la red informática de su organización, los usuarios incautos o despistados, o los empleados descontentos o desleales que pretenden causar algún daño a la organización. Por este motivo, conviene reforzar la seguridad tanto en relación con el personal interno ("*insiders*") como con los usuarios externos del sistema informático ("*outsiders*").

Por otra parte, los ex-empleados pueden actuar contra su antigua empresa u organización por despecho o venganza, accediendo en algunos casos a través de cuentas de usuario que todavía no han sido canceladas en los equipos y servidores de la organización. También pueden provocar la activación de "bombas lógicas" para causar determinados daños en el sistema informático (eliminación de ficheros, envío de información confidencial a terceros...) como venganza tras un despido.

Los intrusos remunerados son expertos informáticos contratados por un tercero para la sustracción de información confidencial, llevar a cabo sabotajes informáticos contra una determinada organización, etc.

La legislación de muchos países de nuestro entorno se ha tenido que adaptar con rapidez para poder combatir los nuevos tipos de delitos surgidos de los ataques a la seguridad de los sistemas de telecomunicación y las redes de ordenadores. En nuestro país el nuevo Código Penal, que se publicó en el BOE del 24 de noviembre de 1995 y que entró en vigor en mayo de 1996, contiene muchas más referencias a los delitos informáticos, entre ellos el delito de daños por destrucción, alteración o inutilización de equipos, programas o incluso datos guardados en un sistema informático.

El FBI ha acuñado el acrónimo MICE para resumir las distintas motivaciones de los atacantes e intrusos en las redes de ordenadores: *Money*, *Ideology*, *Compromise* y *Ego* (Dinero, Ideología, Compromiso y Autorrealización personal).

En general, podemos considerar la siguiente tipología de motivaciones de los atacantes:

- Consideraciones económicas: llevar a cabo operaciones fraudulentas; robo de información confidencial que posteriormente es vendida a terceros; extorsiones (si no se paga un determinado "rescate" se elimina información o se daña de forma irreparable un sistema que haya sido comprometido); intentos de manipulación de las cotizaciones de valores bursátiles; etcétera.

- Diversión: algunos usuarios de Internet realizan estos ataques como una forma de pasar el rato delante de su ordenador.

- Ideología: ataques realizados contra determinadas organizaciones, empresas y Websites gubernamentales, con un contenido claramente político.

- Autorrealización.

- Búsqueda de reconocimiento social y de un cierto estatus dentro de una comunidad de usuarios.

Los fraudes y estafas financieras a través de Internet se han hecho muy frecuentes en estos últimos años. Se utiliza el término de "*phishing*" para referirse al tipo de ataques que tratan de obtener los números de cuenta y las claves de acceso a servicios bancarios, para realizar con ellos operaciones fraudulentas que perjudiquen a los legítimos propietarios.

Generalmente, se utilizan páginas Web falsas que imitan a las originales de los servicios bancarios que pretenden suplantar.

El "*pharming*" es una variante del "*phishing*" en la que los atacantes utilizan un virus que conecta a las víctimas desde su ordenador a páginas falsas en lugar de a las legítimas correspondientes a sus propias entidades financieras, para sustraer sus datos (números de cuenta y claves de acceso).

El "*pharming*" y el "*phishing*" también pueden ser empleados para robar y utilizar de forma fraudulenta números de tarjetas de crédito. Estos datos podrían ser utilizados para realizar ataques del tipo "salami", consistentes en la repetición de gran cantidad de pequeñas operaciones, como transferencias bancarias de importe reducido, que podrían pasar inadvertidas a nivel individual, pero que en conjunto ocasionan un importante daño económico.

Por otra parte, se han desarrollado virus y otros programas dañinos para facilitar las extorsiones y estafas a usuarios de Internet. Es lo que se conoce como "*ransom-ware*", software malicioso cuyo fin es el lucro de su creador por medio de rescates. Así, podríamos mencionar casos como el del troyano PGPCoder, de mayo de 2005, que cifraba determinados archivos en el sistema infectado, dejando a continuación un mensaje solicitando dinero a los usuarios perjudicados si querían volver a restaurar sus ficheros (mediante el envío de una clave para descifrarlos).

También podemos considerar dentro de este tipo de ataques la difusión de correos electrónicos con ofertas falsas o engañosas, así como la publicación de falsas noticias en foros y grupos de noticias, con distintas intenciones, como podría ser el caso de intentar alterar el valor de las acciones de una empresa (de hecho, ya se han producido varias de estas actuaciones en EE.UU. y en Europa).

En mayo de 2005 se informaba de varios casos de *crackers* que habían conseguido "secuestrar" archivos o páginas Web de otros usuarios, solicitando un rescate para proceder a su "liberación". Para ello, los atacantes codificaban los documentos afectados para impedir que su propietario los pudiera abrir, solicitando a continuación un importe de 200 dólares en concepto de "rescate" para devolver al usuario el acceso a sus archivos.

Los casos de chantaje y extorsión on-line se están extendiendo en países como Estados Unidos. En muchos de estos casos, los chantajistas aseguran tener información confidencial sobre la empresa y amenazan con difundirla si no reciben una determinada cantidad de dinero. También han aumentado los casos de extorsión a particulares a través de Internet, consistentes en la publicación o amenaza de publicación de alguna información difamatoria sobre la víctima, utilizando algún medio de la Red (páginas Web, foros, grupos de noticias…).

Los ataques contra redes de ordenadores y sistemas informáticos suelen constar de las etapas o fases que se presentan a continuación:

1. Descubrimiento y exploración del sistema informático.

2. Búsqueda de vulnerabilidades en el sistema.

3. Explotación de las vulnerabilidades detectadas (para ello, se suelen utilizar herramientas específicamente construidas para tal fin, conocidas como "*exploits*").

4. Corrupción o compromiso del sistema: modificación de programas y ficheros del sistema para dejar instaladas determinadas puertas traseras o troyanos; creación de nuevas cuentas con privilegios administrativos que faciliten el posterior acceso del atacante al sistema afectado; etcétera.

5. Eliminación de las pruebas que puedan revelar el ataque y el compromiso del sistema: eliminación o modificación de los registros de actividad del equipo ("*logs*"); modificación de los programas que se encargan de monitorizar la actividad del sistema; etcétera. Muchos atacantes llegan incluso a parchear la vulnerabilidad descubierta en el sistema para que no pueda ser utilizada por otros intrusos.

Para poder llevar a cabo un ataque informático los intrusos deben disponer de los medios técnicos, los conocimientos y las herramientas adecuadas, deben contar con una determinada motivación o finalidad, y se tiene que dar además una determinada oportunidad que facilite el desarrollo del ataque (como podría ser el caso de un fallo en la seguridad del sistema informático elegido). Estos tres factores constituyen lo que podríamos denominar como el "**Triángulo de la Intrusión**", concepto que se presenta de forma gráfica en la siguiente figura:

Figura 6.2. El "Triángulo de la Intrusión"

En cuanto a los medios y herramientas de disponibles en la actualidad para llevar a cabo sus ataques ("*hacking tools*"), podríamos citar las siguientes:

- Escáneres de puertos, que permiten detectar los servicios instalados en un determinado sistema informático.

- *Sniffers*: dispositivos que capturan los paquetes de datos que circulan por una red. Existen *sniffers* especializados en la captura de contraseñas u otros datos sensibles (como los números de cuenta o de tarjetas de crédito).

- "*Exploits*": herramientas que buscan y explotan vulnerabilidades conocidas.

- "*Backdoors kits*": programas que permiten abrir y explotar "puertas traseras" en los sistemas.

- "*Rootkits*": programas utilizados por los atacantes para ocultar "puertas traseras" en los propios ficheros ejecutables y servicios del sistema, que son modificados para facilitar el acceso y posterior control del sistema.

- "*Auto-rooters*": herramientas capaces de automatizar totalmente un ataque, realizando toda la secuencia de actividades para localizar un sistema, escanear sus posibles vulnerabilidades, explotar una determinada vulnerabilidad y obtener el acceso al sistema comprometido.

- "*Password crackers*": aplicaciones que permiten averiguar las contraseñas de los usuarios del sistema comprometido.

- Generadores de virus y otros programas malignos.

- Herramientas que facilitan la ocultación y la suplantación de direcciones IP (técnicas de "*spoofing*"), dificultando de este modo la identificación del atacante.

- Herramientas de cifrado y protocolos criptográficos (como PGP, SSH o SSL): cada vez es más frecuente que el atacante utilice protocolos criptográficos en sus conexiones con los sistemas y máquinas que ha conseguido comprometer, dificultando de este modo su detección y estudio.

Capítulo 7

CRIPTOGRAFÍA Y FIRMA ELECTRÓNICA

La **Criptografía** es la ciencia que se encarga de estudiar las distintas técnicas empleadas para transformar ("encriptar" o "cifrar"[4]) la información y hacerla irreconocible a todos aquellos usuarios no autorizados de un sistema informático, de modo que sólo los legítimos propietarios puedan recuperar ("desencriptar" o "descifrar") la información original.

El término "Criptografía" proviene del griego "*Kriptos*" (oculto) y "*Grafos*" (escritura), por lo que significa etimológicamente el "arte de escribir de un modo secreto o enigmático".

Mediante la criptografía es posible garantizar la confidencialidad, la integridad y la autenticidad de los mensajes y documentos guardados en un sistema o red informático.

El **Criptoanálisis** es la ciencia que se ocupa de estudiar herramientas y técnicas que permitan romper los códigos y sistemas de protección definidos por la criptografía.

---

[4] Algunos autores consideran más correcto el término "cifrar" en lugar de "encriptar", si bien en la práctica es habitual encontrar cualquiera de estas dos posibilidades en los libros y artículos sobre Criptografía. La Real Academia de la Lengua Española sólo reconoce por ahora el término "cifrar". Sin embargo, en la literatura anglosajona el término utilizado habitualmente es "to encrypt".

La criptografía y el criptoanálisis están muy relacionados con varias disciplinas científicas como la Teoría de la Información, la Teoría General de Números o las Leyes y Teoremas de la Matemática Discreta.

Por último, a la ciencia de inventar sistemas de cifrado de la información (criptografía) y de desbaratarlos (criptoanálisis) se la conoce colectivamente con el término de **Criptología**.

7.1 FUNCIONAMIENTO DE UN SISTEMA CRIPTOGRÁFICO

Un criptosistema o sistema criptográfico está constituido por un conjunto de algoritmos y técnicas criptográficas que permiten ofrecer una serie de servicios de seguridad de la información: confidencialidad, autenticidad e integridad.

Un sistema criptográfico moderno se basa en un determinado **algoritmo de encriptación o cifrado** que realiza unas transformaciones sobre el texto original, conocido como **texto claro**, para obtener un texto modificado, conocido como **texto cifrado** o **criptograma**.

Mediante el procedimiento inverso, utilizando un determinado **algoritmo de desencriptación o descifrado**, se puede recuperar el texto original. El funcionamiento de los algoritmos de cifrado y descifrado depende de unas claves, que determinan totalmente el resultado obtenido. De este modo, aunque los algoritmos sean públicos y conocidos por todos, si no se dispone de las claves, resulta imposible (siempre y cuando los algoritmos sean lo suficientemente robustos) realizar el proceso de descifrado.

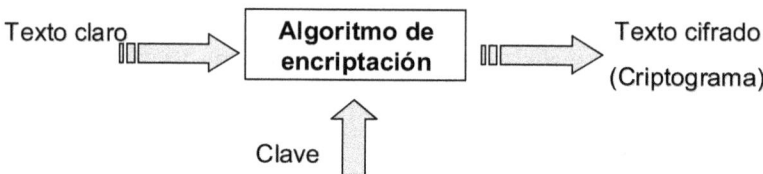

Figura 7.1. Esquema del proceso de encriptación o cifrado

De hecho, hoy en día se recomienda que el algoritmo de cifrado sea público y se encuentre bien documentado, ya que de esta forma podrá ser sometido a estudios rigurosos por parte de expertos criptográficos a nivel internacional para determinar su robustez. Por ello, no es recomendable confiar en "productos milagrosos" de fabricantes que oculten los detalles de sus algoritmos propietarios (práctica de seguridad basada en el "oscurantismo").

Algunos algoritmos criptográficos se han querido mantener en secreto (como en el caso de los empleados en la telefonía móvil digital) y al cabo de un cierto tiempo se han publicado los detalles técnicos de su funcionamiento, gracias a la utilización de técnicas de "ingeniería inversa" o al acceso a información confidencial de las propias empresas responsables del diseño y comercialización de los productos basados en estos algoritmos.

En definitiva, la robustez del sistema criptográfico se basa en la clave utilizada. Esta condición ya fue planteada por primera vez por el investigador Kerckhoffs en el siglo XIX: en un sistema criptográfico se debería asumir que tarde o temprano un atacante podrá conocer los detalles del algoritmo y disponer de textos en claro y sus correspondientes textos cifrados. Esta situación es, en la práctica, más frecuente de lo que se pudiera pensar a priori, ya que muchos mensajes que se van a cifrar pueden contener palabras o determinados patrones conocidos (tal es el caso del formato de las tramas de determinados protocolos, como las cabeceras de los mensajes de correo electrónico).

La clave actúa como modificador del algoritmo, de tal modo que un mismo algoritmo criptográfico podrá ser utilizado por multitud de usuarios y de organizaciones. Además, un cambio de clave permite modificar el método de cifrado, sin tener que modificar el programa informático que lo implementa. De este modo, no es necesario inventar, probar e instalar nuevos métodos de cifrado a cada paso.

No obstante, conviene distinguir entre la "**clave**" del sistema, término que se suele emplear cuando nos referimos a la información generada por una máquina, en un formato no legible por un humano ya que se trata de una secuencia de bits o de símbolos de una determinada longitud, y el término "**contraseña**" ("*password*"), reservado para la secuencia de información establecida por una persona mediante una determinada combinación de caracteres alfanuméricos que debe memorizar para poder utilizarla posteriormente.

En la actualidad la mayor parte de los algoritmos criptográficos son públicos y se basan en una serie de operaciones elementales sobre los datos que constituyen el texto original: **transposiciones** (cambiar el orden de los símbolos que forman parte del texto) y **sustituciones** (reemplazar unos símbolos por otros). Los símbolos del texto original (caracteres alfanuméricos) se codifican mediante bits y, sobre estos bits, se realizan varias secuencias de transposiciones y sustituciones, de acuerdo con los pasos definidos por el algoritmo en cuestión.

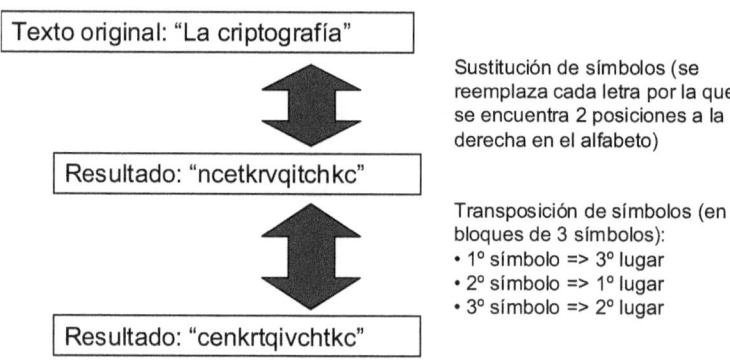

Figura 7.2. Sustituciones y transposiciones de símbolos

Podemos distinguir entre los sistemas criptográficos simétricos y los asimétricos, atendiendo a la naturaleza de la clave utilizada. En los primeros se emplea la misma clave en el proceso de cifrado y en el de descifrado, mientras que los segundos se caracterizan por utilizar dos claves distintas pero relacionadas entre sí, una para el cifrado de los datos y otra para el descifrado.

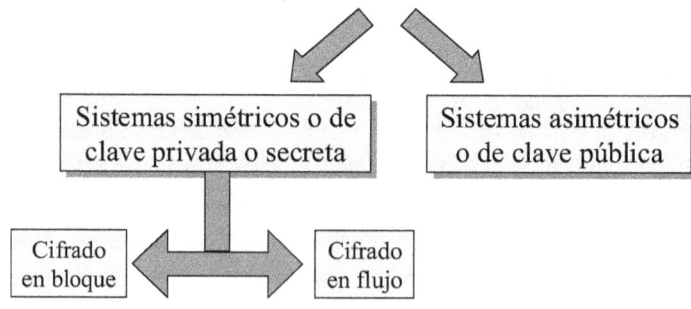

Figura 7.3. Clasificación de los sistemas criptográficos

7.2 SISTEMAS CRIPTOGRÁFICOS SIMÉTRICOS

En los **Sistemas Criptográficos Simétricos** se emplea la misma clave para realizar tanto el cifrado como el descifrado del texto original, tal y como se representa en las siguientes figuras. En estas figuras se ilustra cómo el usuario A emplea una clave para cifrar la información que desea transmitir a otro usuario B; este último deberá utilizar la misma clave para recuperar la información original:

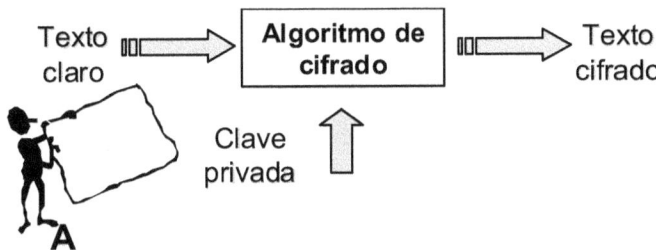

Figura 7.4. Cifrado mediante un algoritmo simétrico

Figura 7.5. Descifrado mediante un algoritmo simétrico

Estos algoritmos se caracterizan por ser muy rápidos y eficientes desde el punto de vista computacional, ya que se basan en operaciones matemáticas sencillas realizadas sobre los símbolos del mensaje original. Por ello, requieren de un reducido tiempo de cálculo para realizar el cifrado y descifrado de los mensajes.

Sin embargo, presentan un importante problema: cómo intercambiar la clave utilizada para el cifrado/descifrado a través de un canal seguro. Sin duda, se trata de una cuestión de especial relevancia, ya que toda la seguridad del sistema depende de la confidencialidad de la clave (ésta sólo puede ser conocida por los usuarios A y B). Por este motivo, a este tipo de sistemas criptográficos también se les da el nombre de **sistemas criptográficos de clave privada**.

Por otra parte, también debemos tener en cuenta el problema de la gestión de claves, ya que se requiere una clave distinta para cada posible interacción entre dos usuarios del sistema, por lo que el número de claves secretas necesarias crece en un orden igual a n^2, siendo n el número de usuarios distintos del sistema[5].

Entre los algoritmos simétricos más utilizados hoy en día podemos citar DES (y sus variantes, como triple-DES), RC2, IDEA o AES.

7.3 SISTEMAS CRIPTOGRÁFICOS ASIMÉTRICOS

Los **Sistemas Criptográficos Asimétricos** surgen a principios de los años setenta para dar respuesta al problema de intercambio de la clave de los sistemas simétricos. Se basan en problemas numéricos muy complejos (como la factorización en números primos o el cálculo de logaritmos discretos). En estos sistemas se utilizan dos claves distintas: una para realizar el cifrado y otra para el proceso de descifrado; por este motivo, reciben el nombre de asimétricos.

En 1976 William Diffie y Martin Hellman propusieron un innovador sistema de cifrado en el que se empleaban claves de cifrado y descifrado diferentes, pero que se encontraban relacionadas entre sí mediante un determinado algoritmo o función matemática. En 1978 Ron Rivest, Adi Shamir y Leonard Addleman publicaron el conocido algoritmo RSA, desarrollando así la idea de Diffie y Hellman.

Veamos con el siguiente ejemplo cómo es el funcionamiento de un Sistema Criptográfico Asimétrico:

---

[5] Se requieren n*(n-1)/2 claves distintas, con n = nº de usuarios

Un determinado usuario B genera dos claves que están relacionadas entre sí mediante una compleja función matemática (para ello, se aprovechan las propiedades de la aritmética modular, si bien queda fuera del alcance de este curso profundizar en la base matemática que hay detrás de estos algoritmos).

Una de estas claves se hace pública, ya que es la que otros usuarios del sistema deberán emplear para cifrar los datos enviados a B. Si el usuario A tiene que enviar datos de forma confidencial a B, debe proceder a su cifrado empleando la clave pública de B.

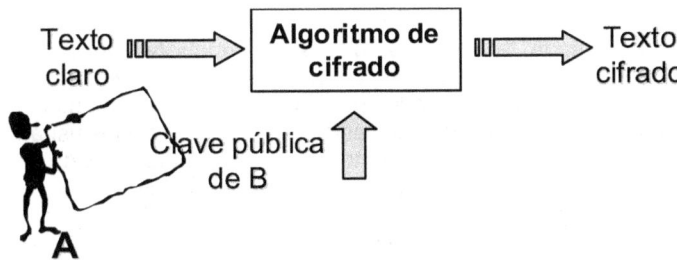

Figura 7.6. Cifrado mediante un algoritmo asimétrico

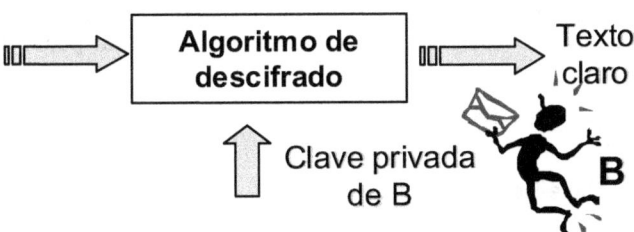

Figura 7.7. Descifrado mediante un algoritmo asimétrico

Por lo tanto, en los sistemas asimétricos, también conocidos como **sistemas de clave pública**, cada usuario posee una pareja de claves: su "clave privada" (que debe guardar en secreto y que utiliza para descifrar) y su "clave pública" (que será conocida y que otros usarán para cifrar).

Como ya se ha comentado, las claves privada y pública de cada usuario están relacionadas entre sí mediante una serie de características matemáticas, a través de lo que se conoce como funciones unidireccionales "con trampa": se utiliza la función en sentido directo o de cálculo fácil para cifrar y descifrar (es la operación llevada a cabo por los usuarios legítimos) y, en cambio, se fuerza el sentido inverso o de cálculo muy difícil de la función para aquellos impostores que pretendan criptoanalizar el mensaje cifrado.

Con este planteamiento se resuelve el problema del intercambio de la clave privada, que presentaban los sistemas simétricos.

De este modo, la gestión de claves ("*key management*") es mucho más sencilla en los sistemas asimétricos. La "gestión de claves" se refiere a los procesos y mecanismos utilizados para la generación y el mantenimiento de las claves que facilitan las comunicaciones seguras entre los usuarios de un sistema. Con estos sistemas criptográficos asimétricos, cada usuario sólo debe memorizar su clave privada, ya que las claves públicas son conocidas por todos. De este modo, se reduce el número de claves necesarias en el sistema, y ya no es necesario realizar una comunicación inicial con un servidor de claves (servidor KDC) antes del establecimiento de una sesión entre dos usuarios.

Sin embargo, los algoritmos empleados son más lentos y consumen mayores recursos computacionales, ya que deben realizar operaciones matemáticas más complejas. De hecho, sólo algunos de los algoritmos propuestos son seguros y realizables desde un punto de vista práctico:

- RSA (1978).

- Diffie-Hellman (1976).

- ElGamal (1985), variante propuesta del algoritmo Diffie-Hellman.

- Schnorr (1990).

Estos algoritmos emplean claves mucho más largas para ofrecer un nivel de protección equivalente a la de los algoritmos simétricos: 512, 1.024 o 2.048 bits, trabajando sobre bloques de bits del mensaje a cifrar. Por este motivo, son entre 100 y 1.000 veces más lentos que los simétricos, ya que requieren de mayores recursos computacionales, por lo que algunos autores se han referido al algoritmo RSA como *"Really Slow Algorithm"* (Algoritmo Realmente Lento).

No obstante, se está investigando el desarrollo de nuevos algoritmos de clave pública basados en las Curvas Elípticas (la primera propuesta en este sentido ya es del año 1985). Estos Criptosistemas de Curvas Elípticas (ECC *–Eliptic Curve Cryptosystems–*) podrían reducir de forma considerable el tamaño de las claves, por lo que sus algoritmos serían bastante más rápidos que los empleados actualmente en los sistemas criptográficos asimétricos, por lo que podrían ser implementados en tarjetas criptográficas de bajo coste.

Por otra parte, la aparición de los sistemas asimétricos ha permitido desarrollar otra serie de funciones criptográficas, como la autenticación y la integridad de los mensajes transmitidos.

Para ello, supongamos ahora que el usuario A cifra un mensaje con su clave privada. Con esta forma de proceder no consigue garantizar, ni mucho menos, la confidencialidad del sistema informático, ya que cualquier otro usuario que conozca la clave pública de A (y no olvidemos que se llama "clave pública" porque precisamente se ha dado a conocer y se encuentra a disposición de los usuarios del sistema) podrá recuperar el mensaje original.

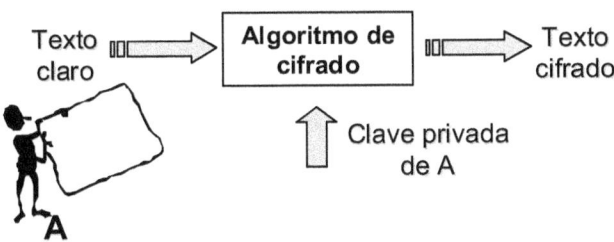

Figura 7.8. Autenticación mediante un sistema criptográfico asimétrico (I)

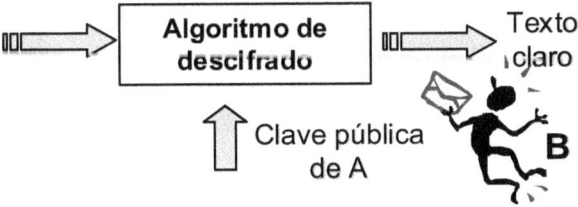

Figura 7.9. Autenticación mediante un sistema criptográfico asimétrico (II)

Sin embargo, con este planteamiento se consigue garantizar la **autenticidad** del mensaje: si el mensaje se puede descifrar con la clave pública de A, es porque ha sido generado con la clave privada de A y, por lo tanto, podemos asumir que lo ha generado A (porque sólo este usuario conoce su clave privada).

7.4 EL CONCEPTO DE FIRMA DIGITAL O FIRMA ELECTRÓNICA

Para garantizar la integridad del contenido de un mensaje, es decir, que éste no haya sido manipulado por terceros, se puede utilizar un algoritmo de "digestión" que permite reducir el mensaje original a una secuencia de bits que lo identifica, y que se denomina **huella digital** del mensaje.

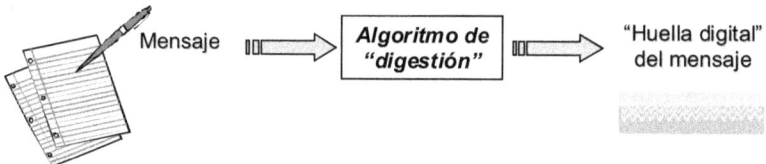

Figura 7.10. Obtención de la "huella digital" de un mensaje

Por su parte, la **firma digital** se apoya en las características de la criptografía asimétrica y de la generación de huellas digitales de mensajes, para posibilitar el desarrollo del comercio electrónico de forma segura a través de Internet.

Podemos definir la **firma digital** como "los datos añadidos a un conjunto de datos, o transformación de datos, que permiten al receptor probar el origen y la integridad de los datos, así como protegerlos contra falsificaciones" (definición propuesta por el organismo internacional ISO en el documento ISO 7498-2).

Por lo tanto, la firma electrónica de un mensaje o transacción permite garantizar la integridad, la autenticación y la no repudiación en un sistema informático. Para su obtención, se sigue un esquema bastante sencillo: el creador de un mensaje debe cifrar la "huella digital" del mensaje con su clave privada y enviarla al destinatario acompañando al mensaje cifrado. El cifrado asimétrico (mediante un algoritmo como RSA) se aplica sobre la "huella digital" del mensaje y no sobre el propio mensaje, debido al elevado coste computacional que supondría el cifrado de todo el mensaje, ya que esta alternativa resultaría mucho más lenta y compleja.

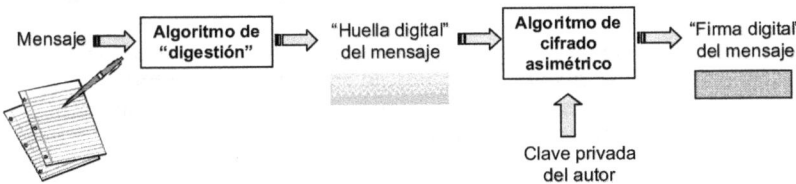

Figura 7.11. Obtención de la "firma digital" de un mensaje

En la siguiente figura se muestra el procedimiento seguido por un usuario A para enviar un mensaje cifrado a otro usuario B acompañado de la correspondiente firma electrónica:

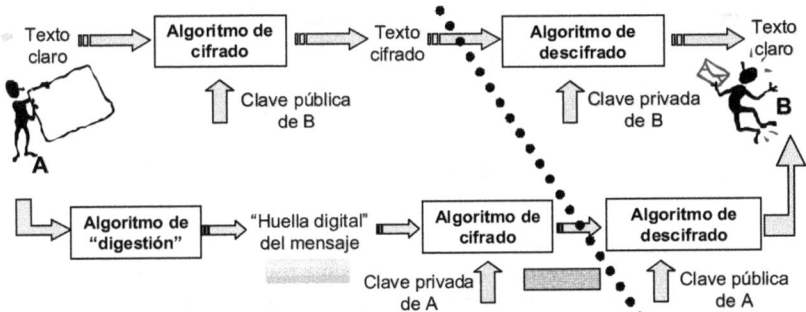

Figura 7.12. Utilización de la firma electrónica o digital (I)

Una vez recibido el mensaje cifrado por A, el usuario B realiza los siguientes pasos para comprobar la autenticidad e integridad del mensaje:

1. Recupera el mensaje original descifrando el texto cifrado con su clave privada. Como sólo él conoce esta clave, se garantiza la confidencialidad en la red informática.

2. Aplica un algoritmo de digestión (algoritmo "hash") para generar la huella digital del mensaje que acaba de recibir.

3. Utiliza la clave pública de A para descifrar la huella digital del mensaje original. Conviene recordar que esta huella digital había sido cifrada por el usuario A con su clave privada (constituía la firma electrónica de A sobre el mensaje original).

4. Compara la huella digital descifrada con la que acaba de generar a partir del mensaje recibido y, si ambas coinciden, podrá estar seguro de que el mensaje es auténtico y se ha respetado su integridad.

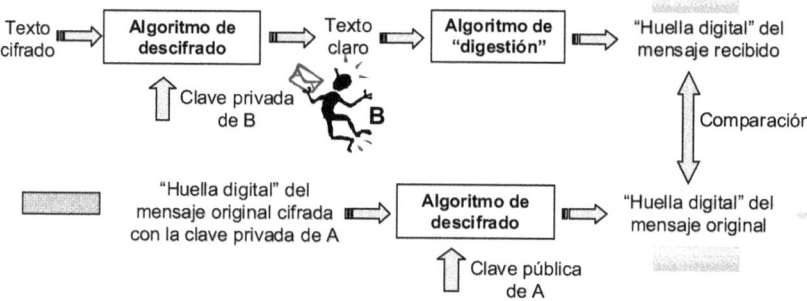

Figura 7.13. Utilización de la firma electrónica o digital (II)

En definitiva, con el esquema propuesto basado en un sistema criptográfico y la firma electrónica se consigue garantizar la confidencialidad, la integridad y la autenticación de los mensajes transmitidos.

En 1991 se adoptó el primer estándar para la firma electrónica, el ISO/IEC 9796, que utiliza el algoritmo de clave pública RSA. También se ha propuesto otro estándar conocido como *Digital Signature Standard* (DSS), basado en el algoritmo ElGamal.

Seguidamente se presentan las principales características de la firma electrónica:

- Es **personal,** ya que sólo el legítimo propietario la puede generar. La firma electrónica asocia al firmante con un determinado documento y prueba su participación en el acto de la firma.

- Podemos considerar que es **prácticamente infalsificable**. El intento de un usuario ilegal de falsificar tal firma resulta prácticamente imposible con los recursos computacionales disponibles en la actualidad.

- Es **fácil de autenticar**.

- Es **fácil de generar**.

- Es **no repudiable**.

- Además de depender del autor, garantizando de este modo la **autenticidad**, también depende del mensaje que se firma, garantizando así también su **integridad**, es decir, la validez del contenido firmado.

7.5 CERTIFICADOS DIGITALES Y AUTORIDADES DE CERTIFICACIÓN

Los sistemas criptográficos de clave pública, tal y como se han descrito en los apartados anteriores, plantean dos importantes problemas para su implementación práctica:

- ¿Cómo puede un usuario estar seguro de que la clave pública enviada por un determinado sujeto se corresponde con dicho sujeto?

- ¿Cada usuario debe almacenar las claves públicas de todos los sujetos con los que se pueda comunicar?

Por otra parte, el firmante debe garantizar la seguridad de su clave privada, ya que en caso contrario alguien podría firmar en su nombre. Además, el acto de firma debe ser consciente: dado que se ha asumido desde siempre que la firma manuscrita representa la manifestación física del consentimiento de un individuo, este mismo principio se aplica ahora a la firma electrónica.

Para resolver estos problemas y proporcionar mayores garantías en los sistemas que emplean firmas digitales, surgen las **Autoridades de Certificación**, que actúan como Terceras Partes de Confianza (*Third Trusty Party*). El papel de estas autoridades consiste en garantizar la identidad de todos los usuarios registrados mediante la emisión de **Certificados Digitales**. Estos Certificados Digitales constituyen, además, un método seguro para distribuir las claves públicas de los usuarios.

Para poder cumplir con su misión, las Autoridades de Certificación también cuentan con la colaboración de las Agencias de Registro Locales, que se encargan de la comprobación de la identidad del usuario antes de la expedición del certificado, así como de las Autoridades de Validación, que pueden comprobar la validez de un Certificado Digital ante la petición de un interesado.

En España las Agencias de Registro Locales son las oficinas de la Seguridad Social, de la Agencia Tributaria o de otros organismos públicos.

Gracias al papel desempeñado por las Autoridades de Certificación, cada usuario del sistema criptográfico no necesita almacenar las firmas digitales de todos los demás usuarios. En cada transmisión de un mensaje cifrado el emisor procederá al envío de un certificado digital que lo identifique con el "sello de validez" de una Autoridad de Certificación (es decir, estará firmado electrónicamente por ésta).

Para obtener dicho certificado, el usuario debe aportar una serie de credenciales que la correspondiente Autoridad de Certificación se encargará de verificar. Así, por ejemplo, en España, la Fábrica Nacional de Moneda y Timbre (FNMT) requiere la presentación del DNI y de la firma manuscrita de la persona que solicita un certificado digital, quien podrá aportar esta documentación ante una Agencia de Registro Local.

Tras haber verificado todos los datos que se van a incluir como identificador en el certificado, la Autoridad de Certificación genera dicho certificado y el usuario podrá obtenerlo de múltiples formas: obteniendo en persona un disquete que contiene el certificado digital, descargándolo de un servidor Web previa identificación mediante un número de petición y una contraseña, etcétera. El certificado en sí es público, por lo que el poseer los certificados de otras personas no permite suplantar su identidad.

Cada certificado digital contiene el nombre del usuario y su clave pública, así como su período de validez y, para dotarlo de mayor seguridad (garantizar su autenticidad e integridad), está firmado con la clave privada de la Autoridad de Certificación.

CAPÍTULO 7. CRIPTOGRAFÍA Y FIRMA ELECTRÓNICA

En la siguiente tabla se especifican los campos incluidos en un certificado digital, según la norma X.509 de la ITU:

❖ Versión
❖ Número de serie
❖ Nombre del emisor (AC)
❖ Inválido antes de UTC, *Universal Time Clock*
❖ Inválido después de UTC
❖ Nombre del sujeto
❖ Clave pública del sujeto

Tabla 7.1. Estructura de un certificado X.509

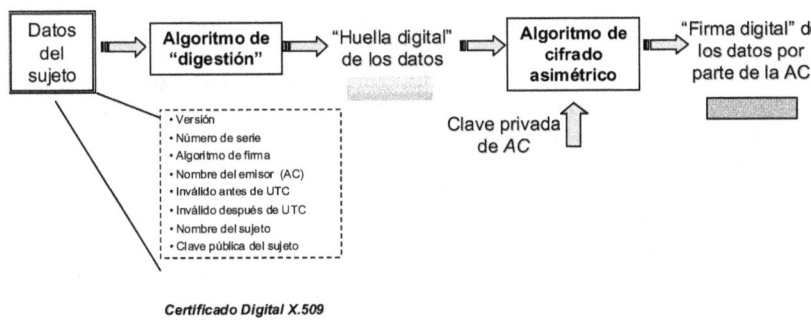

Figura 7.14. Generación de un Certificado Digital por una Autoridad de Certificación

Los certificados digitales se propusieron inicialmente como un mecanismo de control de acceso al servicio de directorio X.500. Con los certificados digitales se pretendía evitar el acceso a datos sensibles de los usuarios registrados en el directorio.

El estándar X.509v1 se presentó en 1988 como una definición de la ITU. Posteriormente, el estándar X.509v2 añadió dos campos más a la versión anterior. Finalmente, en 1999 se aprobó el estándar X.509v3 (RFC 2459), que introduce el campo de extensiones del certificado para facilitar la inclusión de información adicional.

Este campo de extensiones del certificado permite definir, entre otras cuestiones, cómo puede ser utilizado el certificado por parte del usuario: uso para la firma electrónica; no repudiación de documentos; intercambio cifrado de claves de sesión; autenticación de cliente o de servidor; firma de código; sellado temporal de documentos ("*time stamping*"); etcétera.

Las principales funciones desempeñadas por una Autoridad de Certificación son las que se indican a continuación:

- Generación y actualización de las claves de los usuarios

- Emisión y actualización de los certificados digitales

- Gestión del directorio y distribución de las claves

- Revocación de las claves y certificados digitales

En relación con esta última función, conviene tener en cuenta que un **certificado revocado** es aquel que ha perdido su validez antes de su fecha de expiración, debido a diversas circunstancias: la clave privada del usuario ha sido comprometida, la persona ha sido despedida de la empresa y no puede firmar en su representación, etc… Para informar a los usuarios del sistema de este tipo de incidencias, las Autoridades de Certificación se encargan de generar y distribuir una **Lista de Certificados Revocados** (CRL), que todos los usuarios deberían consultar antes de dar por válido un determinado certificado.

Gracias al papel desempeñado por las Autoridades de Certificación, cada usuario del sistema criptográfico no necesita almacenar las firmas digitales de todos los demás usuarios. En cada transmisión de un mensaje cifrado el emisor procederá al envío de un certificado digital que lo identifique con el "sello de validez" (es decir, estará firmado digitalmente) de una Autoridad de Certificación.

La infraestructura necesaria para el uso de los sistemas de clave pública, incluyendo las Autoridades de Certificación, se llama **Infraestructura de Clave Pública** (*PKI: Public Key Infrastructure*).

Seguidamente se enumeran las principales Autoridades de Certificación en funcionamiento en España:

- Fábrica Nacional de la Moneda y Timbre (FNMT): emite los certificados para la declaración de la renta *on-line*, así como para realizar otros trámites con las Administraciones Públicas a través de Internet (http://www.fnmt.es/).

- Camerfirma: iniciativa del Consejo Superior de Cámaras de Comercio para la emisión de certificados en el ámbito empresarial (http://www.camerfirma.com/).

- Fundación para el Estudio de la Seguridad en las Telecomunicaciones (FESTE): constituida por el Consejo General de Corredores de Comercio, Consejo General de la Abogacía, Colegio Oficial de Notarios, Universidad de Zaragoza e InterComputer (http://www.feste.org/).

- *Internet Publishing Service Certification Authority* (IPSCA, http://www.ipsca.com/).

- Autoridad de Certificación de la Abogacía (http://www.acabogacia.org/).

- Agencia Notarial de Certificación (http://www.ancert.com/).

- IZENPE (http://www.izenpe.com/), impulsada por el gobierno del País Vasco.

- Agencia de Certificación Electrónica (ACE): la primera autoridad de certificación en emitir certificados SET[6], constituida por Telefónica, VISA España, Sistema 4B y la CECA (http://www.ace.es/).

---

[6] SET es un protocolo desarrollado por VISA y MasterCard para procesar de forma segura los pagos realizados mediante tarjeta de crédito a través de Internet.

Asimismo, podemos mencionar otras Autoridades de Certificación a nivel internacional, como Verisign (www.verisign.com/), Thawte (http://www.thawte.com/) o Entrust (http://www.entrust.net/).

7.6 LIMITACIONES DE LOS SISTEMAS CRIPTOGRÁFICOS

La seguridad de los sistemas criptográficos descritos en los apartados anteriores depende de varios factores:

- Correcta implementación de los algoritmos definidos por parte de los fabricantes de software: estas empresas pueden cometer errores de programación que provocan agujeros de seguridad en los sistemas.

- Longitud de las claves: el número de bits utilizados para construir las claves determinan la robustez de los algoritmos.

Si se emplean claves de un tamaño reducido, el algoritmo sería vulnerable a un ataque de "fuerza bruta", consistente en probar todas las posibles combinaciones mediante ordenadores muy rápidos, capaces de realizar millones de operaciones por segundo. Por este motivo, a medida que se incrementa la potencia de cálculo de los ordenadores se recomienda aumentar el tamaño de las claves para mejorar la robustez de los algoritmos criptográficos.

No obstante, en este aspecto nos encontramos con una importante limitación: la política restrictiva de muchos gobiernos, que consideran el material criptográfico avanzado como tecnología militar, e impiden su utilización por parte de civiles y su exportación fuera de sus fronteras, justificando esta política para tener un mayor control sobre el crimen organizado y el terrorismo.

En estos últimos años los gobiernos de EEUU y de la Unión Europea han decidido flexibilizar en parte las normas que controlan la venta de programas de seguridad, posibilitando utilizar claves de hasta 128 bits para algunos tipos de aplicaciones.

Un último aspecto a considerar es la elección de un soporte adecuado para guardar las claves privada y pública de cada usuario. En este sentido, se han propuesto en los últimos años distintas alternativas, como la utilización de una tarjeta chip o de un soporte magnético (disquete flexible). Asimismo, algunos fabricantes han diseñado lectores de tarjetas que se pueden incorporar fácilmente a los teclados de los ordenadores, lo cual contribuiría a extender el uso de los sistemas criptográficos de clave pública. En la actualidad todavía resulta "poco amigable" la utilización de estos sistemas, y en la mayoría de los casos se guardan las claves privada y pública directamente en el disco duro del ordenador del usuario (convenientemente protegidas por una contraseña de acceso, un código PIN similar al de las tarjetas de crédito).

El hecho de que los certificados y las claves secretas deban estar almacenados en el disco duro de los usuarios puede ser fuente de un gran número de problemas. Por este motivo, la utilización de tarjetas inteligentes protegidas por sistemas biométricos supondría un gran avance: los sensores biométricos podrían sustituir los sistemas de identificación tradicionales por una identificación de la persona basada en sus características físicas (**identificación biométrica**).

Los sistemas de seguridad propuestos serán capaces de reconocer al usuario por su retina, la huella de su palma de la mano, su voz, u otras características físicas únicas en cada uno de nosotros. De este modo, cada usuario podrá utilizar de una forma mucho más cómoda y segura sus claves privada y pública, sin necesidad de recurrir a una contraseña de acceso (código PIN).

Capítulo 8

EL PROBLEMA DEL FRAUDE EN INTERNET Y LOS CASOS DE *PHISHING*

Los fraudes y estafas financieras a través de Internet se han hecho muy frecuentes en estos últimos años, gracias a la creciente popularización de servicios como la banca electrónica o el comercio basado en el Web. De hecho, se ha acuñado el término *"phishing"* (también conocido como *"carding"* o *"brand spoofing"*) para referirse al tipo de ataques que tratan de obtener los números de cuenta y las claves de acceso a determinados servicios de Internet y, en especial a los servicios de banca electrónica, para realizar con ellos operaciones fraudulentas que perjudiquen a los legítimos propietarios de dichas cuentas. Para ello, generalmente se utilizan páginas Web falsas que imitan a las originales de los servicios bancarios que pretenden suplantar.

De hecho, la proliferación de los casos de *"phishing"* en estos últimos años forman parte de una nueva generación de ataques que en lugar de destruir los datos o bloquear el acceso a los equipos informáticos pretenden justo lo contrario: recopilar datos valiosos sobre los usuarios y tomar el control de sus equipos para poder llevar a cabo operaciones fraudulentas y estafas electrónicas.

El término *"phishing"* fue acuñado a mediados de los años noventa por los *crackers* que intentaban robar las cuentas de los clientes del proveedor de acceso a Internet America Online (AOL). En este caso, el timador se presentaba como empleado de esta empresa y enviaba un mensaje de correo a una posible víctima, solicitando que revelara su contraseña para verificar el estado de su cuenta o confirmar la facturación. Una vez que la víctima entregaba las claves, el atacante podría tener acceso a la cuenta de ésta y utilizarla para sus propósitos ilícitos.

Quince años después de estos primeros incidentes, los casos de "*phishing*" se han extendido cada vez más, afectando a numerosas entidades financieras del mundo: eBay (diciembre de 2002), BBVA (mayo de 2003), Barclays (septiembre de 2003), Banesto (enero 2004 y septiembre 2004), Banco Popular (febrero de 2004), CajaMadrid (marzo de 2005) o Cajamar (marzo de 2005). Se puede obtener una relación completa y actualizada de los casos de "*phishing*" en direcciones de Internet como www.antiphishing.org/phishing_archive.html.

En los intentos de fraude a clientes de entidades financieras, el *modus operandi* consisten en el envío de un correo electrónico falso, que simula proceder del banco en cuestión, solicitando datos personales de la víctima y sus claves de acceso a la entidad. En este tipo de mensajes se trata de redirigir a la víctima a una página Web con la apariencia del banco (mismo diseño y logos) pero que resulta ser falsa, para poder capturar sus claves de acceso.

También podemos considerar dentro de este tipo de ataques la difusión de correos electrónicos con ofertas falsas o engañosas, así como la publicación de falsas noticias en foros y grupos de noticias, con distintas intenciones, como podría ser el caso de tratar de alterar el valor de las acciones de una empresa (de hecho, ya se han producido varias de estas actuaciones en Estados Unidos y en Europa).

Por otra parte, el "*pharming*" es una variante del "*phishing*" en la que los atacantes utilizan un virus o troyano que es capaz de conectar a las víctimas desde su ordenador a páginas falsas en lugar de a las legítimas correspondientes a sus propias entidades financieras, para sustraer sus datos, en especial sus números de cuenta y las claves de acceso y de operación. Además, el "*pharming*" y el "*phishing*" también pueden ser empleados para robar y utilizar de forma fraudulenta números de tarjetas de crédito. Entre los primeros virus y troyanos en explotar esta nueva forma de estafa electrónica podemos citar al conocido como "Troj/BankAsh-A", que en el mes de marzo de 2005 tuvo una importante incidencia en el Reino Unido.

Los casos de "*phishing*" mediante el envío masivo de mensajes de correo suplantando el nombre de organizaciones conocidas se han multiplicado en los últimos años. Debido a la credibilidad que ofrecen las organizaciones afectadas, una persona incauta que reciba el correo electrónico no suele mostrar inconveniente en facilitar sus datos personales sin realizar más comprobaciones acerca de la legitimidad del mensaje o de la página Web a la que se conecta.

La situación se ha visto agravada desde finales de 2005 y principios de 2006 con la aparición de "*phishing kits*", constituidos por un conjunto de herramientas y documentación para que personas con escasos conocimientos técnicos puedan llevar a cabo ataques de "*phishing*".

Estos kits facilitan la construcción de páginas Web falsas partiendo de varias plantillas de formularios, incluyendo además instrucciones detalladas sobre cómo modificar estas plantillas y cómo recibir la información sustraída a las víctimas del engaño.

Uno de los "*phishing kits*" más populares es el conocido como "Rock Phish Kit", que incorpora plantillas de formularios para algunas de las más conocidas direcciones de banca y comercio electrónico, como Barclays, Citibank, Deutsche Bank, eBay y Halifax. Además, dentro de este kit se incluyen *scripts* en lenguaje PHP para facilitar la captura de los datos de las víctimas, así como código en JavaScript que permite modificar las barras del navegador e impedir, por ejemplo, la posibilidad de copiar y pegar mediante teclado.

Para concluir este apartado sobre el "*phishing*" y las estafas en Internet, presentamos una serie de recomendaciones a tener en cuenta por parte de los usuarios de servicios como la banca electrónica para evitar ser víctima de este tipo de engaños:

- **Comprobación del Certificado Digital del servidor Web antes de confiar en su contenido**. Para ello, se debe pulsar en el icono del candado que aparece en la parte inferior derecha del navegador cuando se accede a una zona segura, para verificar que la fecha de caducidad y el dominio del certificado están vigentes.

- **Las direcciones de las páginas Web seguras empiezan por "https://"**. Por este motivo, las entidades bancarias y otros servicios sensibles deberían modificar la configuración de sus servidores Web para que por defecto se fuerce a los navegadores a establecer una conexión segura (canal HTTPS) cuando se accede a las páginas donde se encuentran los formularios de autenticación de los usuarios.

- **El usuario debería cerrar expresamente las conexiones seguras haciendo clic en la correspondiente opción habilitada por la empresa en la página Web.** No resulta suficientemente seguro cerrar de forma directa el navegador, ya que en determinadas situaciones un intruso podría tratar de secuestrar una sesión abierta por el usuario y que todavía conste como tal en el servidor Web (aunque el usuario haya cerrado ya su navegador).

- **Nunca se debería acceder a un formulario de autenticación a través de un enlace desde otra página Web o desde el texto de un correo electrónico.** Se recomienda teclear directamente la dirección de la página en cuestión en una nueva sesión del navegador.

- **Se debe desconfiar de un mensaje de correo recibido en nombre de la entidad financiera con una solicitud para entregar datos personales.** En caso de recibir un mensaje en este sentido, el usuario no deberá facilitar dato alguno y se tendría que poner en contacto inmediatamente con el servicio de atención al cliente del banco.

- **No se deben establecer conexiones a este tipo de Websites desde lugares públicos**: cibercafés, puntos de acceso a Internet en hoteles... Estos equipos podrían estar infectados por programas troyanos o tener instalado un registrador de pulsaciones del teclado ("*keylogger*"). Además, mediante "*sniffers*" u otros dispositivos también se podría tratar de capturar los datos enviados por los usuarios.

- **Comprobar que la dirección URL de acceso no incluye elementos sospechosos, como podría ser la dirección de otra página Web.** La incorporación de otros elementos en la dirección podría ser un indicio de un ataque del tipo "*Cross-Site Scripting*" (XSS).

- **No se deben instalar nuevos programas y controles en el navegador sin antes comprobar su autenticidad.** Es decir, que proceden de un Website legítimo y han sido desarrollados por una empresa de confianza. En este sentido debemos recordar el importante problema ocasionado por la difusión del software espía ("*spyware*") y de los programas troyanos, presentes en un importante número de equipos conectados a Internet.

- **El usuario debe responsabilizarse de guardar de forma segura sus datos y claves de acceso**. En caso de que terceras personas pudieran tener acceso a estos datos, el usuario debería ponerse en contacto cuanto antes con su entidad financiera para evitar una utilización fraudulenta de los mismos.

- **Conviene tener habilitada la función del navegador que permite advertir del cambio entre el contenido seguro (conexión SSL) y el no seguro**. De este modo, el usuario será advertido si en algún momento de la conexión con el servidor Web va a enviar datos de forma no segura (no cifrada).

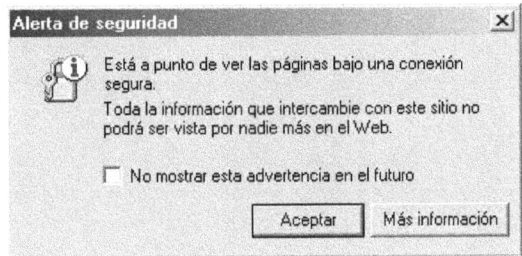

Figura 8.1. Cambio entre conexión segura y no segura

- **Las aplicaciones Web deberían estar programadas para utilizar páginas de autenticación independientes**. Es decir, páginas que se abren en nuevas ventanas del navegador.

- **Utilizar las nuevas alternativas propuestas por algunos bancos para evitar tener que teclear las contraseñas**. Así, por ejemplo, en la siguiente figura se muestra un formulario de autenticación de una entidad financiera, Caixanova, en el que el usuario tiene que hacer clic en un teclado virtual que se muestra en pantalla y que cambia la posición de sus teclas en cada conexión, de forma que no se le permite introducir ningún dato a través del teclado para evitar que un troyano o un "*keylogger*" pueda registrar sus pulsaciones.

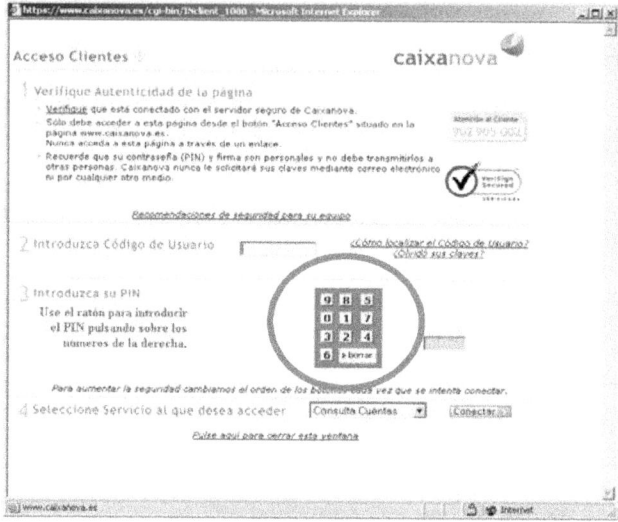

Figura 8.2. Formulario de autenticación de la entidad Caixanova

Capítulo 9

LA PROTECCIÓN DE LOS DATOS DE CARÁCTER PERSONAL

9.1 CÓMO GARANTIZAR LA PROTECCIÓN DE DATOS PERSONALES

La protección de los datos personales y de la privacidad es una cuestión que genera bastante polémica en la actualidad, debido a que existen posturas manifiestamente encontradas, a pesar de que este derecho fundamental de todo ciudadano ya fuera reconocido en la Declaración Universal de Derechos Humanos de 1948.

Así, por una parte, un grupo de países liderados por la Unión Europea son partidarios de una estricta regulación estatal, con fuertes sanciones para aquellas organizaciones que incumplan las normas establecidas (postura conocida como "*hardlaw*"). También en muchos países de Latinoamérica se ha reconocido el derecho fundamental a la protección de los datos personales de los ciudadanos.

Por otra parte, otros países como Estados Unidos son mucho más permisivos con las actuaciones de las empresas, abogando por la autorregulación y la elaboración de códigos éticos de conducta, sin la intervención por parte de los Estados (postura conocida como "*softlaw*"). Habría que tener en cuenta, además, las fuertes presiones de las empresas y ciertos grupos de poder para impedir la intervención estatal sobre esta cuestión.

De hecho, en Estados Unidos son perfectamente legales servicios de venta de datos personales como "US Search" (www.ussearch.com), que permiten acceder a informes con datos de carácter personal de todo tipo, obtenidos de fuentes y bases de datos de las propias Administraciones Públicas y de empresas privadas: Administraciones de Justicia y Militares, registros de comercio, oficinas de patentes, bases de datos de abonados a televisión por cable, suscriptores de periódicos, registros de las prisiones (en los Estados que lo autorizan), registros de adopción (en los Estados que lo autorizan), registro de delincuentes sexuales (en los Estados que lo autorizan), depósitos de cadáveres, etc.

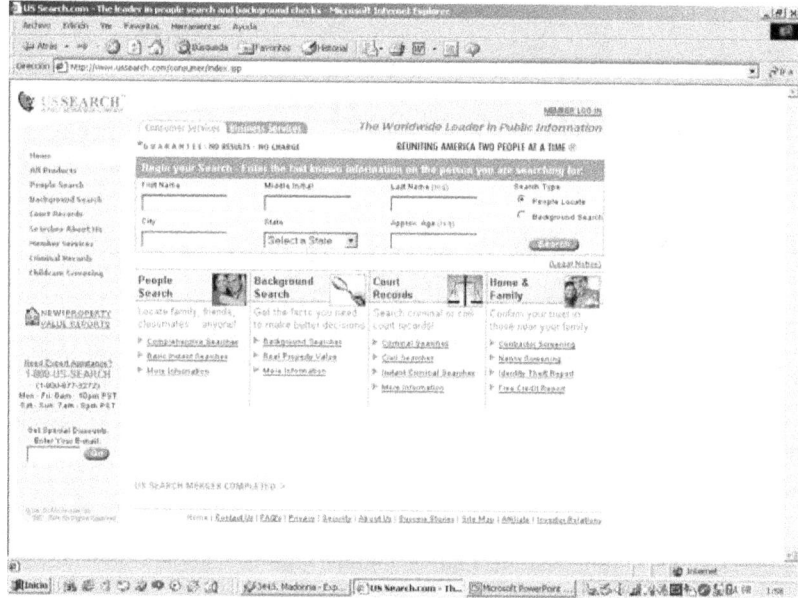

Figura 9.1. US Search (www.ussearch.com)

De este modo, por apenas 40 dólares es posible adquirir a través de su página Web un informe personal sobre un determinado ciudadano (teniendo que facilitar para ello el nombre y la edad aproximada de esta persona), en el que se incluyen datos como los siguientes:

- Direcciones conocidas en los últimos 10 años.

- Números de teléfono que tuvo registrados a su nombre.

- Nombres de familiares más cercanos, sus cónyuges o las personas que se encuentran empadronadas en la misma vivienda.

- Nombre de sus posibles vecinos.

- Direcciones de sus propiedades registradas y su valor catastral.

- Bienes y otras propiedades a su nombre.

- Licencias profesionales que posee.

- Sentencias civiles o criminales en las que figure (permite conocer el historial de cargos y condenas, estancias en prisión, etc.).

- Quiebras en las que se encuentre involucrado.

- Etcétera.

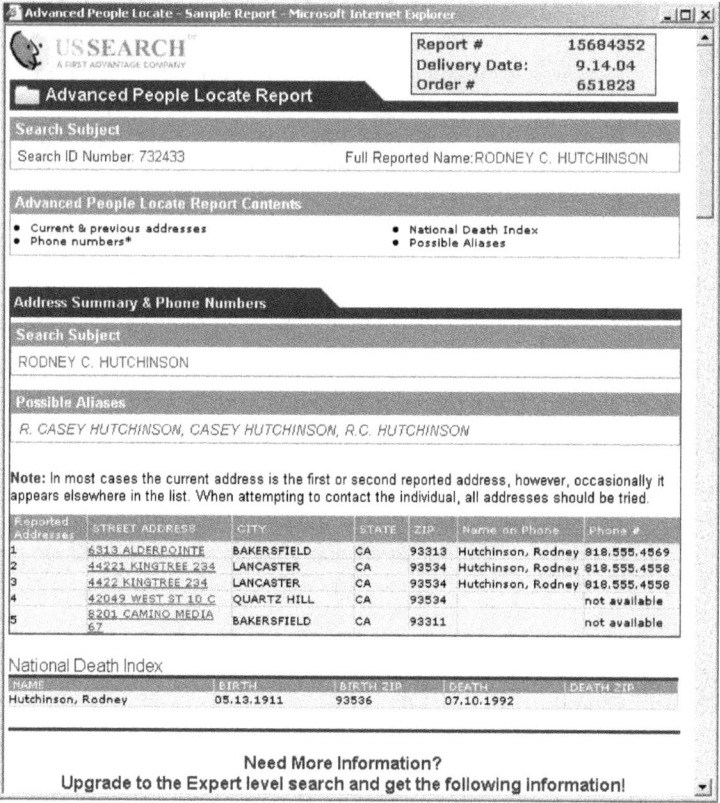

Figura 9.2. Ejemplo de informe de "US Search"

En cambio, la situación es totalmente distinta en Europa, donde se ha definido un estricto marco legal, con elevadas sanciones para las empresas, las Administraciones Públicas e incluso los propios ciudadanos que lo puedan incumplir a nivel particular.

En la Unión Europea este marco normativo viene determinado por la Directiva 95/46/CE del Parlamento Europeo, relativa a la protección de las personas físicas en lo que se refiere al tratamiento de datos personales y la libre circulación de éstos por parte de empresas, Administraciones Públicas y ciudadanos de la Unión Europea.

De este modo, los gobiernos europeos se muestran claramente decididos a promover la cultura de la protección de datos entre las Administraciones Públicas y las empresas, estableciendo además la existencia de autoridades independientes de control (como las Agencias de Protección de Datos en España), con funciones ejecutivas (registro de ficheros, control, inspección y sanción), funciones normativas y de carácter consultivo, como garantes del respeto de este derecho fundamental en los Estados miembro de la Unión Europea.

En definitiva, esta situación con dos posturas claramente enfrentadas ha provocado en los últimos años fuertes tensiones entre Estados Unidos y la Unión Europea, sobre todo desde la aprobación de la directiva 95/46/CE del Parlamento Europeo, que entró en vigor en octubre de 1998, impidiendo expresamente la cesión de datos personales a empresas de otros países que, como Estados Unidos, no dispongan de unas normas equivalentes.

9.2 EL MARCO NORMATIVO EN ESPAÑA

En España el artículo 18.4 de la Constitución ya contempla que el Estado debe limitar el uso de la informática para garantizar el honor, la intimidad personal y familiar de los ciudadanos y el legítimo ejercicio de sus derechos. Asimismo, en el artículo 10 de la propia Constitución se consagra el derecho a la dignidad de las personas.

La publicación de la Ley Orgánica 15/1999, de 13 de diciembre, sobre Protección de Datos de Carácter Personal (en adelante LOPD) y su Reglamento de Desarrollo (Real Decreto 1720/2007, de 21 de diciembre), definen el marco legal de la protección de los datos de carácter personal en el Estado español. La LOPD tiene por objeto garantizar y proteger, en lo que concierne al tratamiento de los datos personales, las libertades públicas y los derechos fundamentales de las personas físicas y, especialmente, de su honor e intimidad personal y familiar.

La LOPD constituye, por lo tanto, la norma fundamental que regula el tratamiento y la protección de los datos de carácter personal en España, desde su entrada en vigor el 15 de enero de 2000. Esta Ley adapta el marco normativo español a los nuevos requisitos de la Directiva Europea 46/1995, de 24 de noviembre de 1995.

Además, su entrada en vigor ha supuesto la derogación de la Ley Orgánica 5/1992, de 29 de octubre (LORTAD), ampliando el ámbito de aplicación de esta normativa a los datos de carácter personal registrados en soporte físico, que los haga susceptibles de tratamiento, así como a toda modalidad de uso posterior de esos datos, es decir, ya no se limita únicamente a los ficheros que reciben un tratamiento informático o automatizado.

La LOPD se aplica a organizaciones públicas y privadas e incluso a profesionales independientes (como médicos, abogados o ingenieros) que dispongan de fuentes de datos de carácter personal registrados en soporte físico, que los haga susceptibles de tratamiento, uso o explotación posterior. En cualquier caso el tratamiento de los datos personales (automatizado o no) debe efectuarse en el territorio español.

La Ley prevé una serie de ficheros que se encuentran excluidos, como los mantenidos por personas físicas para uso exclusivamente personal o los establecidos para la investigación de terrorismo y otras formas graves de delincuencia

También se contempla la existencia de fuentes de acceso público: el repertorio telefónico, las listas de personas pertenecientes a grupos profesionales (en ese caso deben contener únicamente los datos de nombre, título, profesión, actividad, grado académico, dirección e indicación de su pertenencia al grupo), los diarios y boletines oficiales, así como los datos publicados en los medios de comunicación.

9.2.1 Responsable del fichero

La LOPD define el responsable del fichero o tratamiento como la persona física o jurídica, de naturaleza pública o privada, que decide sobre la finalidad, contenido y uso del tratamiento de los datos.

Suele ser bastante habitual, por otra parte, que la empresa u organismo responsable del fichero decida encargar su tratamiento a un tercero. Tal es el caso, por ejemplo, de la contratación a una gestoría de la confección de las nóminas del personal de una empresa, de la contratación de un proceso de selección de personal a una empresa especializada, de la contratación del servicio de atención telefónica a un "*call-center*", etc.

Por lo tanto, de acuerdo con lo establecido por la LOPD, el encargado del tratamiento es aquella persona física o jurídica que realice algún trabajo sobre los datos personales por cuenta del responsable del fichero. Tiene responsabilidad conjunta con el responsable del fichero sobre el establecimiento de las medidas de seguridad.

Asimismo, el encargado del tratamiento tiene la obligación de indemnizar por los daños que los interesados puedan sufrir como consecuencia del incumplimiento por su parte de las obligaciones de la LOPD.

Conviene tener en cuenta, no obstante, que de acuerdo con el artículo 12 de la LOPD, la realización de un tratamiento por cuenta de un tercero deberá estar regulada en un contrato en el que se establezca expresamente que el encargado del tratamiento únicamente tratará los datos conforme a las instrucciones del responsable del fichero, que no los aplicará o utilizará con fin distinto al que figure en dicho contrato, ni los comunicará, ni siquiera para su conservación, a otras personas. En este contrato se estipularán, asimismo, las medidas de seguridad de carácter técnico y organizativo que el encargado del tratamiento estará obligado a implementar.

De este modo, la LOPD impide una posible subcontratación del tratamiento de los datos, debiendo figurar siempre el responsable del fichero como parte en la relación jurídica con cada uno de los encargados del tratamiento.

9.2.2 Principios de la protección de los datos

El marco normativo de la LOPD establece una serie de principios relativos al tratamiento y protección de los datos de carácter personal:

9.2.2.1 CALIDAD DE LOS DATOS

Los datos personales que vayan a ser tratados por una determinada empresa o institución deben ser adecuados, pertinentes y no excesivos, en relación con el ámbito y finalidades legítimas para las que se hayan obtenido.

Así, por ejemplo, una empresa podrá utilizar datos identificativos, de filiación, académicos, profesionales y bancarios de sus empleados para confeccionar las nóminas o registrar su situación profesional en la organización, pero se podría considerar que se estaría excediendo más allá de la finalidad prevista (incumpliendo, por tanto, el principio de "calidad de los datos") si también se recabasen datos sobre sus aficiones y *hobbies*, tal y como ha expresado la Agencia Española de Protección de Datos en alguno de sus informes jurídicos.

Los datos de carácter personal serán conservados durante los plazos previstos en las disposiciones aplicables o, en su caso, en las relaciones contractuales entre la empresa y el interesado. Además, los datos deben ser exactos y estar puestos al día para garantizar su veracidad y tendrán que ser cancelados en cuanto hayan dejado de ser necesarios para la organización.

9.2.2.2 SEGURIDAD DE LOS DATOS

La LOPD establece en su artículo 9 que el responsable del fichero y, en su caso, el encargado del tratamiento, deberán adoptar las medidas necesarias de índole técnica y organizativa para garantizar la seguridad de los datos de carácter personal y que puedan evitar su alteración, pérdida, tratamiento o acceso no autorizado, habida cuenta del estado de la tecnología, la naturaleza de los datos almacenados y los riesgos a que están expuestos, ya provengan de la acción humana o del medio físico o natural.

La reciente aprobación del Reglamento de desarrollo de la LOPD (Real Decreto 1720/2007, de 21 de diciembre), plantea una revisión de estas medidas de seguridad y requiere asimismo una protección específica de los ficheros en soporte papel.

9.2.2.3 DEBER DE SECRETO

Las personas y empresas que intervengan en cualquier fase del tratamiento de datos de carácter personal deben comprometerse a guardar el debido secreto profesional respecto de los mismos, incluso después de haber finalizado la relación que les unía con la entidad poseedora de los datos personales.

9.2.2.4 INFORMACIÓN EN LA RECOGIDA DE DATOS

El responsable del fichero debe informar a los interesados antes de proceder al tratamiento de sus datos de carácter personal, indicando el fichero (o ficheros) en que se van a incorporar sus datos, la finalidad del tratamiento y los posibles destinatarios de estos datos.

Asimismo, en todos los formularios en papel o en las páginas Web utilizadas para recabar datos de carácter personal, es necesario incluir cláusulas informativas acerca de la naturaleza y la finalidad del tratamiento. En otro caso, la Ley requiere que en un plazo de tres meses se informe al interesado del tratamiento al que están siendo sometidos sus datos personales por parte de la empresa, salvo cuando los datos procedan de fuentes accesibles al público y se destinen a la actividad de publicidad o prospección comercial, en cuyo caso, en cada comunicación que se dirija al interesado se le deberá informar del origen de los datos y de la identidad del responsable del tratamiento, así como de los derechos que le asisten.

En lo que se refiere a la privacidad de los usuarios que visitan un determinado Website, la empresa o institución responsable debe dejar clara cuál es su Política de Privacidad, informando sobre la utilización de "*cookies*" u otros mecanismos que permitan realizar un seguimiento de las visitas al Website, tal y como establece en España la Ley General de Telecomunicaciones (Ley 32/2003, de 3 de noviembre): se debe informar a los usuarios de manera clara y completa sobre su utilización y finalidad, ofreciéndoles la posibilidad de rechazar el tratamiento de los datos mediante un procedimiento sencillo y gratuito.

9.2.2.5 CONSENTIMIENTO DEL AFECTADO PARA EL TRATAMIENTO

El artículo 3.h de la LOPD define el consentimiento del interesado como "toda manifestación de voluntad, libre, inequívoca, específica e informada, mediante la que el interesado consienta el tratamiento de datos personales que le conciernen".

Como norma de partida, la LOPD establece que el tratamiento de los datos de carácter personal requiere del consentimiento inequívoco del afectado, siendo necesario que este consentimiento figure además por escrito cuando se trate de datos especialmente protegidos.

No obstante, se han previsto una serie de excepciones a esta norma, en los casos siguientes:

- Datos personales obtenidos de fuentes accesibles al público.

- Datos necesarios para el ejercicio de funciones de la Administración, como podría ser el caso de la prestación de los distintos servicios de un ayuntamiento o la recaudación de los tributos locales.

- Datos de personas vinculadas mediante una relación negocial, laboral, administrativa o contractual, siempre y cuando estos datos sean necesarios para mantener dicha relación o para la celebración del contrato que vincula a ambas partes.

- Cuando los datos personales recabados afecten a la Defensa Nacional, la seguridad pública o la persecución de infracciones penales.

Por supuesto, se prohíbe la recogida por medios fraudulentos, desleales o ilícitos, siendo considerada esta práctica como una infracción muy grave de la LOPD.

9.2.2.6 COMUNICACIÓN O CESIÓN DE DATOS A TERCEROS

La comunicación o cesión de datos de carácter personal sólo es posible si existe un consentimiento previo del afectado, tras haber sido informado sobre la finalidad de la comunicación o las actividades del cesionario, siempre y cuando además la cesión sea necesaria para el cumplimiento de fines directamente relacionados con funciones legítimas del cedente y cesionario.

No obstante, la LOPD ha previsto una serie de excepciones a la norma anterior, de tal forma que la cesión podrá ser realizada sin el consentimiento previo del afectado en las siguientes circunstancias:

- Cuando la cesión haya sido autorizada por otra ley, como podría ser el caso de la cesión a la Agencia Estatal para la Administración Tributaria de datos económicos y fiscales de empleados, proveedores y clientes de una empresa, en virtud de lo dispuesto por la Ley General Tributaria.

- Cuando los datos cedidos hayan sido obtenidos de fuentes accesibles al público.

- Cuando la cesión de datos sea necesaria para el desarrollo, cumplimiento y control de una relación jurídica libre y legítimamente aceptada por ambas partes.

- Otros casos previstos: cesiones entre Administraciones Públicas con fines históricos, estadísticos o científicos; cesiones en las que el destinatario sea el Defensor del pueblo, el Ministerio fiscal o los Tribunales; cuando por razones de urgencia sea preciso ceder datos relativos a la salud del interesado.

Por lo tanto, debemos tener muy presente que las cesiones de datos entre empresas de un mismo grupo requieren del consentimiento previo e inequívoco de los afectados, siendo necesario identificar explícitamente las finalidades a las que se destinarán los datos cedidos.

La LOPD en su artículo 11.5 también establece la responsabilidad para la empresa adquirente de los datos como resultado de una cesión, la cual deberá cumplir con todos los requisitos de esta Ley.

Asimismo, conviene insistir en la distinción entre una cesión de datos a un tercero y un tratamiento de datos encargado a un tercero y realizado por cuenta del responsable del fichero. En este segundo caso, no se considera que se esté produciendo una cesión, por lo que no es necesario recabar el consentimiento de los afectados.

Pero para que se considere un tratamiento encargado a un tercero y no una cesión, la LOPD establece que es necesario formalizar mediante un contrato por escrito u otra forma que deje constancia del contenido del tratamiento, reflejando expresamente que el encargado tratará los datos según las instrucciones del responsable del fichero, que el encargado no podrá comunicar los datos a terceros ni tan siquiera para su conservación y que deberá implantar una serie de medidas de carácter técnico y organizativo para garantizar su seguridad. Una vez concluida la prestación del servicio, los datos tendrán que ser devueltos al responsable del fichero o bien destruidos de forma segura.

9.2.2.7 TRANSFERENCIAS DE DATOS PERSONALES A OTROS PAÍSES

La LOPD establece que no se podrán efectuar transferencias de datos personales (ya sean éstas temporales o definitivas) a países sin un nivel de protección equiparable al de España, salvo que se disponga de una autorización previa del director de la Agencia Española de Protección de Datos o que el afectado haya dado su consentimiento inequívoco a la transferencia prevista.

Se consideran países que proporcionan un nivel de protección adecuado de los datos de carácter personal a todos los estados miembros de la Unión Europea o un Estado respecto del cual la Comisión de la Unión Europea haya declarado que garantiza un nivel de protección adecuado. Hasta la fecha se encuentran incluidos entre estos últimos Suiza, Hungría, Argentina y Canadá, así como las entidades estadounidenses que se han adherido a los "principios de Puerto Seguro".

9.2.2.8 DATOS ESPECIALMENTE PROTEGIDOS

Se consideran "datos especialmente protegidos" aquellos datos de carácter personal referentes a la ideología, salud, vida sexual, origen racial religión o creencias. Para estos datos la LOPD contempla un nivel mayor de protección.

En España el artículo 16 de la Constitución ya establece que nadie podrá ser obligado a declarar sobre su ideología, religión o creencias. Por este motivo, quedan totalmente prohibidos los ficheros creados con la finalidad exclusiva de almacenar datos de carácter personal que revelen la ideología, afiliación sindical, origen racial o étnico, religión, creencias o vida sexual.

Los datos sobre el origen racial, salud y vida sexual de las personas sólo podrán ser tratados con el consentimiento expreso del afectado o bien cuando así lo disponga una ley. Se contempla la excepción en los casos de prevención o diagnóstico médico, prestación de asistencia sanitaria o tratamientos médicos, así como cuando sea necesario para salvaguardar el interés vital del afectado.

9.2.3 La problemática de la adaptación a la LOPD

Conviene destacar que la LOPD define, con diferencia, el régimen sancionador más severo de toda la Unión Europea en materia de protección de datos de carácter personal. No obstante, en otros países como Italia o Portugal también se han establecido penas de prisión para los transgresores de la legislación en materia de protección de datos, mientras que en España sólo se ha contemplado la vía de la sanción administrativa.

Así, en España para las infracciones leves se prevén multas de 100.000 a 10.000.000 de pesetas (de 601 a 60.101 euros). Para las infracciones graves las multas pueden situarse entre los 10.000.000 y los 50.000.000 de pesetas (de 60.101 a 300.506 euros). Por último, en el caso de las infracciones muy graves, las multas se aplicarán en el intervalo de 50.000.000 a 100.000.000 de pesetas (de 300.506 a 601.012 euros), contemplándose además la potestad de inmovilización de los ficheros por parte de la propia Agencia de Protección de Datos.

Podríamos citar algunos ejemplos de la gravedad de estas sanciones, basados todos ellos en ejemplos reales de sanciones impuestas por la Agencia de Protección de Datos a empresas españolas que incumplieron algunos de los preceptos de la LOPD:

- No inscribir los ficheros con datos de carácter personal supone una infracción leve, con una sanción mínima de 601 euros.

- Un tratamiento de datos no consentido representa una infracción grave, con una sanción mínima de 60.101 euros. En este sentido, situaciones bastante habituales en la actualidad que podrían representar un tratamiento de datos no consentido serían algunas de las que se exponen a continuación (basadas en ejemplos de sanciones reales impuestas por la Agencia de Protección de Datos):

    o El envío de una carta a posibles clientes de una empresa que hayan sido localizados a partir de listines telefónicos ya caducados, es decir, listines telefónicos que hayan sido actualizados mediante nuevas ediciones impresas, las cuales, según el artículo 28.3 de la LOPD, anulan el carácter de fuente accesible de las ediciones anteriores.

    o La obtención de datos a partir de listados y bases de datos supuestamente públicas (el hecho de que se puedan obtener, por ejemplo, a través de una página Web, no quiere decir que tengan la consideración de fuente pública) o a través de otras fuentes (tener conocimiento de que un determinado ciudadano ha tenido un accidente de tráfico y ofrecerle mediante una carta personalizada los servicios de la empresa, por citar otro ejemplo basado en un caso real).

    o La inclusión de la fotografía de algún empleado o persona relacionada con una empresa en sus folletos, catálogos o páginas Web, sin contar con su consentimiento previo (ya que en este caso se estaría excediendo el marco de la relación laboral, por ejemplo, si se tratase de un empleado).

    o La modificación de los datos de un cliente (domicilio, número de cuenta...) sin poder probar que se contaba con su consentimiento para realizar dicha modificación, situación típica que se podría producir si se aceptase una petición de modificación mediante una simple llamada telefónica que no hubiera sido autenticada ni registrada.

- Mantener inexactos los datos de los clientes, empleados y/o proveedores de una empresa podría suponer una sanción mínima de 60.101 euros, correspondiente a una infracción grave. Asimismo, si el fichero con datos de carácter personal pierde la finalidad originaria, no se permite su reutilización para otras actividades, por lo que sus datos deberían ser destruidos, ya que en caso contrario también se podría imponer una sanción mínima de 60.101 euros.

- Compartir bases de datos entre distintas personas jurídicas (por ejemplo, entre empresas con distinto CIF pero integradas en un mismo grupo empresarial) supone una cesión de datos no consentida, lo que representa una infracción muy grave de la LOPD, con una sanción mínima de 300.505 euros.

- Ubicar copias de datos de carácter personal (como las direcciones de correo electrónico, por ejemplo) en servidores de países que, como Estados Unidos, no tienen un nivel de protección equiparable al de la Unión Europea, puede representar una sanción mínima de 300.505 euros, ya que si no se cuenta con el consentimiento previo de los interesados y de la autorización del Director de la Agencia de Protección de Datos se considera una infracción muy grave.

La LOPD obliga a la implantación de importantes medidas de seguridad tanto de carácter técnico como organizativo a las empresas que lleven a cabo tratamientos de ficheros con datos personales. El incumplimiento de estas medidas de seguridad puede ser objeto de una sanción por parte de la Agencia de Protección de Datos, de carácter grave o muy grave, por lo que a la empresa o institución responsable le podría ser impuesta una multa de entre 60.101 y 601.012 euros, dependiendo del nivel de seguridad del fichero de datos de carácter personal y de la gravedad de la infracción. Así, por ejemplo, la Agencia de Protección de Datos ha impuesto importantes sanciones a empresas que no han protegido de forma adecuada sus bases de datos (en algunos casos éstas se podían consultar a través de páginas Web, debido a un agujero de seguridad en su sistema informático).

Los ficheros que puedan incluir datos relativos a la salud de las personas se consideran ficheros de nivel alto, por lo que se les deberían aplicar todas las medidas previstas en el Reglamento de Desarrollo de la

LOPD. Muchas empresas pueden estar recogiendo datos especialmente protegidos sin ser conscientes de sus implicaciones: hoteles y restaurantes que registren información sobre posibles dolencias o problemas de salud de sus clientes para ofrecerles dietas personalizadas; gimnasios que reflejen posibles discapacidades o problemas físicos de sus socios para tener previsto cualquier tipo de incidencia relacionada con su salud; concesionarios de automóviles que deben tramitar el impuesto de matriculación de personas discapacitadas (que se encuentran exentas de dicho impuesto, pero que deben acreditarlo con un justificante médico); centros de enseñanza que puedan recoger certificados médicos de los alumnos para justificar determinar ausencias a clase o a exámenes; etc.

Las medidas de seguridad también afectan a los ficheros en papel. De hecho, la Agencia de Protección de Datos ha sancionado por la comisión de una infracción grave a empresas que tiraron directamente a la basura (sin destruir) los curriculum vitae de candidatos presentados a un proceso de selección personal. Estas sanciones alcanzaron los 300.505 euros en el caso de clínicas privadas que no habían protegido de forma adecuada los historiales clínicos de sus pacientes (en algunos casos aparecieron los historiales de los pacientes en plena calle en un contenedor de la basura).

Convendría tener en cuenta, además, que en un mismo expediente sancionador se pueden aplicar varias de estas sanciones, como consecuencia de haber incumplido distintos preceptos de la LOPD.

De hecho, numerosos expertos han criticado la falta de proporcionalidad de las sanciones previstas por la LOPD. Así, por ejemplo, el Código Penal Español contempla penas de arresto de uno a tres fines de semana y multa de 20 euros a 12.000 por la falta de golpear o maltratar a alguien sin llegar a lesionarle. Sin embargo, la cesión no consentida de sus datos personales puede acarrear una sanción de hasta 601.012 euros para la empresa responsable.

Muchas empresas desconocen actualmente esta situación, por lo que se produce un elevado nivel de incumplimiento, sobre todo entre las empresas de menor dimensión.

En la práctica son bastante frecuentes situaciones como las que se reflejan en las siguientes frases, que representan errores comunes que se plantean en las empresas y en algunos organismos públicos: "yo no tengo datos personales en mi empresa..."; "en mi empresa tenemos pocos datos..."; "ya hemos registrado los ficheros y con eso estamos cubiertos..."; "de los ficheros de datos se encarga nuestra gestoría..."; "esta Ley no debe ser muy importante, ya que no he oído hablar de ella..."; "esta Ley sólo afecta a las grandes empresas..."; "realmente esas multas no las paga nadie..."; etc.

Como consecuencia, observamos en la actualidad que en muchas empresas y en un porcentaje muy elevado de ayuntamientos y otros organismos públicos no se han inscrito todos los ficheros con datos de carácter personal; no se informa a los ciudadanos del tratamiento que se va a realizar con sus datos personales; no se han implantado todas las medidas de seguridad exigidas por la LOPD para proteger los ficheros; en bastantes casos todavía no se solicita consentimiento para realizar un tratamiento de datos de carácter personal; no se han formalizado los tratamientos encargados a terceros mediante un contrato; etc.

BIBLIOGRAFÍA

CHIRILLO, J. (2001): Hack Attacks Revealed: A Complete Reference. John Wiley & Sons.

COLE, E. (2001): Hackers Beware. New Riders.

COLE, E.; KRUTZ, R.; CONLEY, J. (2005): Network Security Bible. John Wiley & Sons.

CRESSON, C. (2002): Information Security Policies Made Easy. PentaSafe Security Technologies.

ERICKSON, J. (2003): Hacking: The Art of Exploitation. No Starch Press.

FAITH, L.; GARFINKEL, S. (2005): Security and Usability. O'Reilly.

GÓMEZ VIEITES, A. (2006): Enciclopedia de la Seguridad Informática. Ra-Ma, Madrid.

KAHN, D. (1996): The Code Breakers. Scribner.

MITNICK, K.; SIMON, W. (2005): The Art of Intrusion. John Wiley & Sons.

PIPER, F.; MURPHY, S. (2002): Cryptography: A Very Short Introduction. Oxford University Press.

RUSSELL, R. (2003): Stealing the Network: How to Own the Box. Syngress.

SCAMBRAY, J.; MCCLURE, S.; KURTZ, G. (2001): Hacking Exposed: Network Security Secrets & Solutions, 2.ª ed. Osborne/McGraw-Hill.

SCAMBRAY, J.; SHEMA, M. (2002): Hacking Exposed Web Applications. Osborne/McGraw-Hill.

SCHNEIER, B. (1994): Applied Cryptography, John Wiley & Sons.

SCHNEIER, B. (2000): Secrets & Lies. Digital Security in a Networked World. John Wiley & Sons.

SHEMA, M. (2002): Anti-Hacker Tool Kit. Osborne/McGraw-Hill.

STALLING, W. (1998): Cryptography and Network Security. Prentice Hall.

SUTTON, R. (2002): Secure Communications: Applications and Management. John Wiley & Sons.

TULLOCH, M. (2003): Microsoft Encyclopedia of Security. Microsoft Press.

YOUNG, M. (2003): Internet Security: Cryptographic Principles, Algorithms and Protocols, John Wiley & Sons.

ÍNDICE ALFABÉTICO

A

Acceso no autorizado, 108
AES, 80
Agencia Española de Protección de Datos, 111
Agencias de Registro Locales, 88
Algoritmo de cifrado, 76
Algoritmo de descifrado, 76
Anonimato, 19
Ataques de Denegación de Servicio, 61
Ataques de repetición, 19
Auditabilidad, 18
Autenticación, 17, 51, 84
Autenticación de usuarios, 60
Autenticidad, 84
Autoridad de Certificación, 88
Autoridades de Validación, 88
Autorización, 18
Autorregulación, 101

B

Balanceo de carga, 57
Brand spoofing, 95
Bug, 65

C

Calidad de los datos, 107
Camerfirma, 91
Capability Maturity Model, 34
Características de la firma electrónica, 86
Carding, 95
Centro Alternativo, 57
Centro de Back-up, 57
Centro de Reserva, 57
CERT, 66
Certificación de fechas, 20
Certificación de la gestión de la seguridad, 30
Certificación mediante Terceros de Confianza, 20
Certificado digital, 88
Cesión de datos, 110, 114
CIA, 14
CISO, 31
Cifrado asimétrico, 85
Cifrar, 75
Cláusulas informativas, 108
Clave, 77
Clave privada, 81
Clave pública, 81
Clusters de servidores, 57
Código Penal, 115

Compartir bases de datos, 114
Computer Emergency Response Team, 66
Conexión a Internet, 63
Conexión SSL, 99
Confidencialidad, 14, 16, 60
Confirmación de la prestación de un servicio, 19
Consecuencias de la falta de seguridad, 25
Consentimiento, 110, 111, 113, 116
Consentimiento del interesado, 109
Continuidad del negocio, 57
Contraseña, 77
Contrato, 107
Contrato por escrito, 111
Control de acceso, 51, 60
Cookies, 109
Cortafuegos, 61
Crackers, 95
Criptoanálisis, 75
Criptografía, 75
Criptograma, 76
Criptología, 76
Criptosistema, 76
Cross-Site Scripting, 98
Curriculum vitae, 115
Curvas Elípticas, 82

D

Datos de personas vinculadas, 109
Datos especialmente protegidos, 112, 115
Datos personales, 101
Datos relativos a la salud, 114
Defensa en profundidad, 21
Defensa equipo a equipo, 61
Defensa perimetral, 61
Defense Advanced Research Projects Agency, 65
DES, 80
Descifrar, 75
Desencriptar, 75
Digital Signature Standard, 86
Directiva 95/46/CE, 104
Directorio X.500, 89
Disponibilidad, 14, 17, 60
Disponibilidad de los recursos, 57

E

Eliptic Curve Cryptosystems, 83
Encargado del tratamiento, 106
Encriptar, 75
Equipo de Respuesta a Emergencias Informáticas, 66
esCERT, 66
Estafas financieras, 95
Expediente sancionador, 115
Exploits, 71
Extensiones del certificado, 90

F

Fábrica Nacional de la Moneda y Timbre, 89, 91
Fallo informático, 65
Falta de proporcionalidad, 115
Fases de un ataque informático, 71
FESTE, 91
Ficheros de nivel alto, 114
Ficheros en papel, 115
Finalidad del tratamiento, 108
Firewall, 61
FNMT, 91
Fraudes, 95
Fuentes accesibles al público, 109, 110
Fuentes de acceso público, 106
Funciones unidireccionales, 81

G

Gestión de claves, 82
Gestión de la Seguridad de la Información, 27
Gusano, 65

H

Hardlaw, 101
Hash, 85
Hospedaje, 64
Hosting, 64
Housing, 64
Huella digital, 84

I

IDEA, 80
Identidad del usuario, 51
Identificación, 51
Impacto de los incidentes de seguridad, 23
Incidente de la seguridad, 65
Inmovilización de los ficheros, 112
Integridad, 14, 17, 60, 84
Intentos de intrusión, 60
Internet, 59
IPSCA, 91
ISO 7498, 14
ISO/IEC 17799, 14
ISO/IEC 9796, 86

K

Kerckhoffs, 77

L

Ley General de Telecomunicaciones, 109
Ley Sarbanes-Oxley, 35
Listines telefónicos, 113
Logs, 71
LOPD, 35, 105
LORTAD, 105

M

Marco legal, 104
Mecanismos de seguridad, 21
Medidas de seguridad, 107, 114
Metodología PDCA, 30
MICE, 69
Modelo de Seguridad AAA, 51
Motivaciones de los atacantes, 69
Multas, 112

N

Nivel de protección equiparable, 111
No repudiación, 17, 84

O

Objetivos de la Seguridad Informática, 15

P

Personas discapacitadas, 115
Pharming, 96
Phishing, 95
Phishing kits, 97
Plan de Contingencias, 57
Plan de Recuperación, 57
Plan de Seguridad, 48
Política de Control de Accesos, 63
Política de Privacidad, 109
Política de Seguridad, 48
Políticas de Gestión de la Seguridad, 30
Principios de Puerto Seguro, 111
Privacidad, 101
Procedimiento de seguridad, 49
Protección a la réplica, 19
Protocolos criptográficos, 60

R

Reclamación de origen, 18
Reclamación de propiedad, 18
Régimen sancionador, 112
Registro del uso, 51
Registros de actividad, 51
Relación jurídica, 107, 110
Relaciones contractuales, 108
Responsable del fichero, 106, 107
Riesgos, 15
Robert Morris, 65
RSA, 80

S

Secreto profesional, 108
Seguimiento de las visitas, 109
Seguridad de los datos, 108
Seguridad informática, 12
Selección personal, 115
Servicios críticos, 11
SGSI, 29

Sistema criptográfico, 76
Sistema de Gestión de la Seguridad de la Información, 29
Sistemas criptográficos asimétricos, 78, 80
Sistemas criptográficos de clave privada, 80
Sistemas criptográficos de clave pública, 81
Sistemas criptográficos simétricos, 78, 79
Softlaw, 101
Spyware, 98
SSE-CMM, 34
Sustituciones, 78

T

Terceras Partes de Confianza, 87
Texto cifrado, 76
Texto claro, 76
Third Trusty Party, 87
Time stamping, 90
Transferencias internacionales, 111
Transposiciones, 78

Tratamiento de datos, 111
Tratamiento de datos no consentido, 113
Tratamiento de los datos personales, 105
Tratamiento encargado a un tercero, 111
Triángulo de la Intrusión, 71
Triple-DES, 80

U

US Search, 102

V

Verisign, 91
Virtual hosting, 64

X

X.509, 88

www.ingramcontent.com/pod-product-compliance
Lightning Source LLC
Chambersburg PA
CBHW081255170426
43198CB00017B/2795